看誰在說謊！

Never Be Lied to Again

大衛·李柏曼＿著
項慧齡＿譯

20條拆謊線索、30招套話技巧，
讓人甘願對你說實話，又不傷和氣

看誰在**說謊**

contents 目錄

看誰在**說謊**

contents　目錄

【前言】

抓住謊言蹤跡，做人生的贏家

不論在工作場合或私人生活之中，誠實是每一種人際關係的基石。隨時察覺他人的真正意圖很重要，這麼做通常可以節省你的時間、金錢、精力，以及避免被騙、傷心。當你知道一個人的真正企圖時，你就會知道如何控制局面，或至少不會被占便宜。

沒有一種能力比能夠持續一致地為人生做出正確的決定更棒的了，但必須牢記在心的是，唯有根據事實真相所做的決定，才會是正確而牢靠的決定。藉由本書，你將學習如何參透言外之意，以及當人們口是心非的時候，如何看穿他們心裡真正的想法。我以前的一位客戶對此做了絕佳的詮釋，她說：「這就像是成了人們肚子裡的蛔蟲一樣。」

在一個理想社會中，根本不需要撒謊，這本書也沒有存在的必要。然而，我們生活在一個爾虞我詐的世界，在這場遊戲中，不管你想「玩下去」還是「不玩了」，都由不得你。問題是，你想不想成為這場遊戲的贏家——在情場上不再失意；在商場上掌握優勢，無論在何時何地與他人交涉，你都握有成為常勝軍的利器？

我是研究人類行為領域的專家，同時也是擁有心理學博士學位的合格催眠治療師。我從

事團體催眠治療與私密的個人治療，並提供一種影響力，而這種影響力是許多費用昂貴的律師、頂尖優秀的會計師，以及經驗豐富的總經理無法給予的。

正如大家所知道的，人們總是口是心非或話中有話，更經常忽略許多訊息背後的意義。而這本書就是要教你如何發掘真相。作為一個成功、有效率的談判者，你必須運用許多策略與技巧，而所有的策略與技巧，全賴你所獲得訊息的精確程度。這就像你使用一台全世界性能最佳的電子計算機，但你輸入的數字是錯誤的，那麼就算計算出答案，也沒有任何意義。

我們經常忘記，事實真相是多麼容易掩藏在交談、協商或訊問之中。據說美國總統林肯曾被問到一個難題：「如果把一隻羊的尾巴也稱做一條腿的話，那麼羊總共有幾條腿？」林肯回答：「四條腿。因為光說牠的尾巴是一條腿，它並不會真的變成腿。」

當人們為了許多不同原因撒謊時，他們的謊言很少會為受騙的對方帶來什麼好處。一個不可否認的事實是：每一個人都會說謊，卻沒有人喜歡這種事發生在自己頭上。

一個巴掌拍不響，謊言要發生作用，至少需要兩個人——一個說謊；一個相信。我們無法阻止人們說謊、欺騙的行為，但我們有辦法不讓他們得逞。

本書分為八章，分別探討說謊的不同面向，並提供一些創新的技巧，幫助你判斷對方是否在說謊。如果你是受騙的苦主，這些技巧可以協助你找出真相，控制局面。書中列舉的許多例子都發生在私人關係以及工作職場中，相信大家對這些情節都不陌生。

Part 1 找出欺騙線索

本書提供了尋究謊言的各種線索，在這一章裡，首先舉出四十四條關於欺騙的線索，共分為七大類。有些線索是關於肢體語言的基本原理，有些則使用了較高階的技巧與步驟，例如語言心理學強調法（psycholinguistics emphasis，PLE），以及神經語言選擇知覺（neural linguistic choice perception）。每一個類別最後都會做摘要總結，以利參考。

Part 2 善用套話技巧

「我們往往盲目地參與了一場唇槍舌戰。」這句話的意思是，我們通常會在一場爭執結束的兩天後，才想到我們當時應該問對方哪些問題。這個章節提供了具體精確的測謊謀略，清楚告訴你何時該開口說話、該說什麼。書中將利用這一套精密複雜的系統，從每一個心理角度，選擇各種不同的情境策略加以對照因應。每一個情境都包含了基本策略、進階策略，以及終極攻勢。

Part 3 冷靜旁敲側擊

在一場輕鬆隨意的交談之中，你認為對方可能有所欺瞞，但又無法大刺刺地直接質問時，該怎麼辦？本章提供一些絕佳、但又不至於明目張膽的方法，讓你蒐集到更多訊息；

你也可以學習如何掌控交談進行的方向，獲取你所想要的訊息。除此之外，本章也涵蓋了一些必要的策略手法，在你缺乏所需的優勢之際，助你取得真相。而如果你居於強勢地位，所使用的心理步驟也將隨之不同。

Part4
設下欺瞞防火牆

這一章包含了兩個簡單、卻能帶來驚人效果的技巧。只要使用第一個技巧，就幾乎沒有人能騙得了你；第二個技巧則讓你無論在何種情況下，都能明辨對方的真正意圖與動機。

Part5
誘引潛意識投降

本章陳述了最高階、最具開創性的技巧。運用催眠以及由我研發出來、稱之為「催眠腳本」（Trance-Scripts）的一套系統，就可以在不被對方察覺的情況下，直接控制使喚對方的潛意識。經由這個過程，你將能說服對方吐露真相。

Part6
熟習心理戰術

本章探討如何操控人類思想的心理戰術，一旦你熟習了這些技巧，就知道如何讓人們說出實情。也就是說，藉由瞭解大腦處理訊息的過程，你可以輕易左右人們的決定。

Part 7 避開自欺陷阱

在一本談論謊言的書中，曾提及一句最真的真理：我們騙得最過火的時候，就是自欺的時候。例如，我們都知道某人的配偶不忠，但是當事人卻無視所有的警訊，拒絕相信配偶出軌的事實。本章會教導你如何察覺、並進一步消除阻擋你看清真相的障礙。

Part 8 戳破行家騙局

這個章節介紹了專家所運用的心理祕訣，你將發現這些專業人士——從職業撲克牌玩家到談判大師——是如何用客觀的方式，阻擋你察覺事實真相，甚至影響你評估訊息的能力。專家的影響力是很巨大的，他們可以強烈左右你對現實的觀感。當然，讀了本書之後，你的思想就能超越他們所帶來的影響。

【註】本書所列舉的範例中，會選擇性地使用「他」或「她」作為主角的性別。這麼做是為了減少語言上的性別歧視，並不代表某一個性別比另一個性別更有說謊的可能。

PART 1

找出欺騙線索

他有眼睛去看、耳朵去聽，可能說服自己，沒有一個凡夫俗子可以保守祕密。如果他的雙唇靜默不語，他的指尖則喋喋不休，每一個毛孔都洩漏了祕密。

——佛洛伊德

這個部分列出了七大類別、四十四條關於欺騙的線索，這些線索可以一個個單獨使用，或相互搭配運用。儘管某些線索本身就是絕佳的指證，非常管用，但所有的線索都不是絕對確定的，應該根據當時的情勢來解讀。

有些線索非常細微，除非你十分仔細地觀察，否則不易察覺；有些線索則顯而易見。在某些情況下，你要尋找的是「被刪除的謊言」——應該存在，卻被遺漏或刪除的部分；在其他時候，你所處理的或許是「刻意加入的謊言」——那些加入的說詞和行為，與對方所傳達的其他訊息互不一致。

在某些情況下，你可能無法獲得任何蛛絲馬跡，例如透過電話交談，你怎麼也看不到對方的肢體動作。你也沒有必要把這些線索一一記在腦子裡，因為久而久之，它們自然會成為你的第二天性，你將越來越駕輕就熟於藉著觀察、聆聽以及詢問來得到真相。

不同的性別、種族、文化背景等，都是影響我們如何解讀這些線索的變動因素。例如手勢、人與人之間的身體距離等，都會因為這些變動因素而有不同的含意。但是就大部分的線索而言，這些變動因素都不足以構成影響，可以忽略。

本章所介紹的其中一些線索，是根據肢體語言（body language），以及語言心理學（psycholinguistics）等傳統心理學的方法，來探查語言（verbal）以及非語言（nonverbal）訊息之間的矛盾與不一致。另外還有一些更純熟、經由我研究人類行為所發展出來的方法，語言心理學強調法（psycholinguistic emphasis，PLE）就是其中之一，意指人們說話時所選擇的字眼會反映他們當下的心理狀態。

一旦你發現對方在扯謊，應該立刻攤牌、採取行動嗎？通常最好的處理方法是：沉住氣，繼續與對方交談，試著套出更多訊息。如果沉不住氣，說話的語氣勢必因而改變，那麼就不太容易探取更多對方欺騙你的證據。所以，最好等到掌握所有事實與證據之後，再決定是否要和對方攤牌，或握住底牌、按兵不動，製造一個對自己最有利的情勢。

洩露真相的身體語言

我們的手指、手、手臂，以及腳的動作，都會洩露我們內心真正的情感。許多人都沒有意識到自己的身體會說話——當他們試圖用語言欺騙他人的時候，真相已經悄無聲息地顯現出來。

或許你曾經讀過或聽過一些關於肢體語言的線索，但它們只占本書所提供策略的一小部分而已。

逃避、閃爍的眼神

避免眼神接觸或很少直視對方，是典型的欺騙徵兆。

當一個人在撒謊的時候，會用盡方法避免眼神的接觸。因為在下意識裡，他覺得你會從

他的眼睛看穿他的心思；再加上因為罪惡感而不願面對你，會使得他的眼神閃爍、飄忽不定，或老是往下看。

相反的，當我們說真話、或因為被冤枉而忿忿不平時，我們會全神貫注、定定地看著不實的指控者，彷彿在說：「把事情講清楚，否則休想一走了之。」

肢體動作不會說謊

缺乏動感的手勢

只要我們細心觀察，將會發現無論是「舉手」或「投足」，都傳遞著訊息。而由於人們經常使用手勢，手部的動作又比腿足的姿勢更容易觀察得到，所以手勢可以說是欺騙的絕佳指證。

你是否曾注意到，當你對於自己所說的話題感到非常興奮時，你會舞動雙手來強調自己的觀點，以傳達熱切的心情？

你是否曾注意到，連你都不相信自己所說的話時，你的肢體語言會因為反映內心感受而變得僵硬呆滯？

人在說謊的時候，手勢會比較少。如果當時他坐著，可能會把雙手放在大腿上；如果是站著，可能會把手貼在大腿兩側。他也許會把手放在口袋裡，或雙手緊握，手指可能蜷向掌

心；完全伸展的手指代表「敞開、開放」。

此外，當你質問某人，而對方的雙手緊握或掌心向下，就表示他起了防衛心或退縮。假如他對於你的指控與一連串的詰問感到困惑，他會掌心向上，雙手一攤，就像是在說：「我聽不懂你在說什麼，講清楚一點。」或者：「我沒什麼好隱瞞的。」

有所保留的姿勢

當一個人坐著，手腳貼近身體，像胎兒在媽媽子宮裡的姿勢；或是手腳交盤，而非向外延展的時候，即表示她「有所保留」。

手腿交盤或許是出於防衛的心態，因為當我們覺得自在、信心滿滿的時候，手腳會自然地向外延展，有點像是在宣告「這是我的地盤」的味道。相反的，當我們缺乏安全感時，就會縮小身體占據的空間，把手腳弓成像胎兒的姿勢。

表現做作

從演技青澀的演員和政客身上，我們經常可以看到他們的手部動作與姿勢僵硬，甚至顯得機械化。這是因為他們試圖用手勢來讓觀眾相信他們對於自己的信念充滿熱忱，結果反而使得肢體動作不流暢，做作不自然。

下意識的隱藏

當一個人在回答問題或陳述一件事時，把手往臉上放，通常表示所言不實。如果她用手摀住嘴巴，表示連她自己都不相信自己說的是真話，因為用手摀住嘴巴的作用就像一片簾幕一樣，在下意識裡企圖隱藏真相。

如果她在聽你說話的時候，時而雙手掩面或摸臉，表示「我壓根不想聽你說這些」。另外，摸鼻子、搔耳朵或揉眼睛，也都被視為是欺騙的徵兆。

不過千萬別搞混了，當一個人陷入沉思而做出以上動作的時候，則表示她正專心一意，注意力集中。

快速聳肩

聳肩通常傳遞兩個訊息：「我不知道」或「我不在乎」。然而，如果聳肩的動作非常快速，則另有所指——她想要讓人覺得她對自己的回答感到泰然自若，但事實上根本不是那麼一回事，而她的聳肩動作，也不是真正的聳肩。

這種情形有點類似一個人被玩笑話弄得很尷尬，卻要假裝自己覺得很有趣時，臉上就會出現只牽動嘴唇、虛假的微笑，而不是露齒大笑。

抓住說謊的小辮子

- 說謊的時候，會避免眼神接觸。
- 肢體表達受限，手部動作很少，且顯得僵硬。手腳往內收，身體占據空間較小。
- 手與身體的接觸可能只在臉部與喉嚨的範圍，不可能出現伸展的開放手勢。
- 假如她試圖對自己的回答表現得泰然自若，可能會做出快速聳肩的動作。

相互矛盾的情緒與言行

在這一部分，我們要檢視言詞與所對應的肢體動作之間的關連。一般來說，除了一些非常明顯的「言行」不一致，例如明明嘴巴說「是」、頭卻搖個不停，另外還有一些更細微、卻同樣透出端倪的欺騙訊號，而這些訊號各包含了意識與潛意識兩個層面。

例如，**有時候我們會為了強調論點而刻意做出一些動作或姿勢，但這些勉強做出來的姿勢動作反而會顯得不自然，而且出現的時間點也不對。**另外，言行與情緒之間的不一致也是絕佳的指證，它通常傳達了雙重的訊息。例如，一個人對遭遇喪偶之痛的友人表示哀悼之意，臉上卻神情愉悅，帶著笑容。

反映內心真實感受的動作或表情，被稱之為「最初的反應表情」（initial reaction expression，IRE）。你可以觀察到，對方從做出這些動作表情，一直到他做出掩飾動作，中

間持續的時間不會超過兩秒鐘。即使你無法解讀這些稍縱即逝的動作表情的含意，但這其中的不一致已構成充分的理由，讓你懷疑對方是否虛情假意。

動作出現的時間點不合理

如果對方在「話說出口之前」或「一開始說話」的時候，堅定地搖頭或點頭，表示他所言屬實；如果他在「說完之後」才開始搖頭，則代表他企圖展現自己確實如此、沒有說謊。這是經過預謀、設計所做出來的動作，並非出於情感，所以動作出現的時間點不對。

有些人在假裝憤怒之後，為了讓自己看起來真的很生氣，會加上手和手臂的動作作為強調。這種動作就像是事後的「追加、彌補」，不但「慢半拍」、顯得機械化，還和說話的語氣不一致。

如果你想讓對方相信你確實很生氣，光是用說的、用手部動作讓自己看起來怒氣沖天還不夠，憤怒的臉部表情何時出現才是其中關鍵。如果臉部表情出現在口頭聲明之後——我很氣你↓停頓↓出現憤怒的表情，這樣看起來就很假。相反的，先做表情，再向對方聲明「我氣炸了」，就不會露出欺騙的馬腳，頂多讓對方認為你在思考該如何說明，或不知道該用什麼方法表達心中的憤怒。

當一個人對於自己所說的話深信不疑，通常在說到重要字眼的時候，頭部會跟著擺動。

這些頭部動作，不論是點頭或搖頭，一定是在說到特殊論點或想法時才會出現。為了顯示重視或強調而刻意做出來的點頭動作，看起來會非常機械化，尤其當一個人說謊的時候，更會顯得非常不協調。

說是一回事，做是一回事

不只時間點重要，我們還必須注意姿勢動作的類型。例如，一個女人蹙著眉頭對男友說「我愛你」，如此便傳達了矛盾的訊息；表情、動作與所說的話明顯不一致，表示說話者撒謊。另一個很好的例子是：男人一邊揮舞著拳頭，一邊試著對女友說「我愛你」；嘴上講一些好聽、令人愉悅的話，兩隻手卻握得老緊，言行一點也不搭軋。所以，務必要確定對方「言」、「行」是一致的。

作假的情緒反應

情緒出現的時間快慢很難做假，只要仔細觀察，你就不會被愚弄。**由於作假、虛偽的情緒反應不是自然發生的，所以它出現的時間會「稍微延後」，持續的時間也會比真誠的情緒反應要「久」，然後「突然」就不見了。**

「驚駭、驚訝」的情緒反應是絕佳的例子。「驚駭、驚訝」來得快，去得也快，如果持

續過久，表示這種情緒極可能是裝出來的。當我們假裝很驚駭、驚訝的時候，通常會保持一付害怕、恐懼的表情，這種伎倆是瞞不過明眼人的。

皮笑肉不笑

欺騙的表情經常會出現在嘴部。一個真誠自然的微笑會讓整張臉亮起來，而如果是硬擠出來的笑容，嘴巴會是緊閉的，眼睛和前額也不會因笑容而牽動。一個不牽動整張臉的笑容，就是欺騙的訊號。

我們必須注意，微笑是最常見的情緒面具，因為它是用來隱藏表面下情緒——憤怒、憎惡、哀傷、恐懼——的最佳工具。換言之，若一個人不想揭露內心真實的感受，她可能會戴上「我很快樂」的面具。因此切記，不是發自快樂等真實感受的笑容，是不會在臉上完全綻開的。

抓住說謊的小辮子

- 姿勢動作、表情出現的時間點錯誤。
- 頭部機械式地擺動。
- 姿勢動作和言語不一致。
- 情緒反應出現的時間點延後、持續過久，然後又突然消失。
- 當一個人假裝快樂、驚駭、畏懼等特定情緒時，面部表情只侷限於嘴部。

不自在的互動表現

我們必須注意一個人的姿勢動作本身，及其與周遭環境的關係；從人們的所作所為與言辭之間的關連，可以看出他們自在與否。

大部分的人都相信，當我們遭到不實指控的時候，會出現防衛、低姿態的行為。事實上，**只有心虛的人才會有防衛心態，清白無辜的人通常會展開攻勢。**舉例來說，瑪莉和約翰大吵一架，瑪莉指控約翰做了某件事，約翰沒有立刻做出防衛的動作；但如果約翰是無辜的，不同意瑪莉的說法，他應該會立刻辯解。從以下幾個線索可以看出這兩種心理狀態的不同。

撇過頭去

假如一個人在述說或聆聽一件不愉快、不舒坦的事情時把頭撇開，不面對對方，表示她

想要避開這個讓她不愉快的事件；如果她感到非常自在、有安全感，則會把頭靠向對方，希望獲得更進一步的訊息。在前者的狀況中，她的頭會立即、明顯地快速撇開，或緩慢、謹慎地往後移。

這種動作不同於向左右兩邊微微地歪著頭，切勿混淆兩者。當我們聽得興味盎然時，會做出歪著頭的姿勢，這被認為是一種不設防的姿勢，有所隱藏的人不會做出這種姿勢。

缺乏自信的姿勢

不論是充滿自信或缺乏安全感的人，交談時都會伴隨出現一些連帶的肢體動作。當人們對情勢或談話深具信心的時候，會站得直挺挺的或坐直，這種行為顯示出他們對自己的觀感。有安全感、信心十足的人，肩膀會往後、站得直直的；沒有安全感、缺乏自信的人，通常會彎腰駝背，把手插在口袋裡。許多研究顯示，要避免歹徒自背後襲擊搶劫的最好方法是擺動雙臂、昂首快步，因為這樣的行走方式傳達出「自信」的訊息。

尋求空間庇護

正如我們遭受威脅侵犯時會閃躲逃開一樣，當一個人被指控、心理上處於劣勢的時候，也會走開或移動身體。當我們對於自己的想法非常熱切，且想要說服另一個人時，我們會把

身體靠向對方。但說謊者不會有靠近的舉動，甚至不願面對指控的威脅；她會側著身子，或整個人轉過身去，極少採取反擊的架式。說謊的人不會採取面對面的攤牌，只有亟欲反駁惡意中傷流言的人，才會採取這種作法。

如果是在室內，當說謊者感到不自在，她可能會把身體面對或移往出口（例如門）的方向；如果她站著，則會把背靠著牆壁。

之所以有這些反應，是因為她的心理狀態揭露於外，而想在身體上尋求庇護。由於她感到對方言語上的埋伏襲擊，所以得確保自己處於能夠清楚看見對方下一招的位置。反之，自信、自在、安適的人，是不會介意坐在中間位置的。

暫時停止接觸

說假話的人極少、或完全不會與對方做身體上的接觸，這也是指證欺騙的可靠線索。他會下意識地減少親近的動作，以幫助自己消減心中的罪惡感，因為觸摸代表心理的聯繫親近。換句話說，唯有當我們深信自己所言屬實，才會有觸摸對方的舉動。

藏起的手指

一個說謊或有所隱藏的人，很少會用手指著對方或指向空中。這種手指的動作代表堅定

的信念、權威，或是強調某個論點。一個立場不堅定、站不住腳的人，不太可能會做出這種帶有蔑視意味的動作。

設立屏障

觀察對方是否將某個無生命的物體，例如枕頭、酒杯等，作為隔開你和他之間的障礙。正如盾牌可以抵禦身體遭受攻擊傷害，他會使用同樣的方法，保護自己免於言辭的砲轟。

我的同事曾告訴我一個關於他前任老闆的有趣故事：那位老闆是一家規模龐大的製造公司的總裁，每當我的同事向他報告有關勞工問題、產品瑕疵等令人不舒服的問題時，他就會把咖啡杯放在他們兩人之間的桌上，然後不經心、下意識地把桌上所有物品排成一排，形成一條「楚河漢界」。

想要知道一個人對於某個特定話題是否感到自在，可以從他參與討論的開放程度輕易地看出端倪。當他放置物障隔在你們之間，等於是在對你說：「我不想談這件事。」也代表欺騙或企圖遮掩。由於他不能轉身離開，所以就用物障隔開你這個讓他不自在的人，以顯示他的不悅與厭煩。

抓住說謊的小辮子

- 說謊者不願面對指控的威脅時，會轉過頭去，或移動身體，面向出口（例如門）的方向。
- 說謊的人通常看起來畏畏縮縮，不太可能站得直挺挺的，或手臂外伸。
- 當說謊者想取信於你，他極少或完全不會碰觸你的身體，也不會用手指著你。
- 他可能會在你和他之間放置物件，隔開彼此。

欲蓋彌彰的應對表達

最殘酷的謊言，往往無聲無息。

——羅伯・路易斯・史蒂芬森

我們選擇用來表達自我的字眼或詞句，通常提供了一個透視我們內在真實情感的窗口。當我們打算欺詐別人的時候，通常會使用自己認為可以產生真實效果的特定字句、措詞或文句結構。想想看，有多少語言及非語言的溝通方法可以表達「是」的訊息、而我們又會用何種表達方式來顯示對自己所說的話深信不疑？「真相聽起來像什麼」與「一個經過包裝粉飾、似乎很真實的謊言聽起來像什麼」之間，有著細微的差異。事實上，我們選擇用來傳達訊息的字眼，比我們預期的更能反映出內心真實的感受。

套用你的話作為回應

你可曾注意到，當你心不在焉的時候，是如何應對一般的社交禮儀及客套話的？早上進辦公室時，某個同事對你說「早安」，你也回他一句「早安」；如果他對你說「嗨」，你也回他一聲「嗨」。這時的你，根本沒興趣用大腦思考，就照著他的話做出反應。

又例如，當甲指控乙的時候，由於乙是在毫無準備的情況下被逮到，手無寸鐵，又沒有時間思考，因此出於恐懼，就會套用甲說的話做出否定的回答，因為把肯定句轉換成否定句，是最快速做出反應的方法。

舉例來說，忿忿不平的瑪莉問丈夫約翰：「你騙我？」欺騙妻子的約翰回答：「我沒有騙妳。」「你曾經騙過我嗎？」「我從來沒有騙過妳。」約翰之所以套用瑪莉的話急著回答，是因為他確實欺騙瑪莉。**回答若稍有遲疑，就會讓他覺得自己看起來做賊心虛；對心虛的人來說，一秒鐘猶如永生永世般漫長。**

另外，技巧純熟的面談人員與訊問人員都知道使用「縮短形」（contraction）所代表的意義。根據統計顯示，當嫌犯使用「縮短形」——「It wasn't me」（不是我），而非「It was not me」，那麼他說實話的機率占六〇％。有時候，犯罪的人會為了強調自己的清白無辜，而不使用「縮短形」，因為他們想要強調「not」這個字眼。

越解釋越可疑

大家常說，最好的銷售對象是那些在門口掛著「拒絕推銷」牌子的人。因為他們知道自己「來者不拒」，會買下任何推銷的產品，所以才會掛上牌子，企圖讓推銷員知難而退。說實話的人不會在乎你是否誤解他，他總是願意澄清誤會；說謊的人則亟欲確定你立刻瞭解他的意思，這樣他就可以轉變話題，避免你一再追問下去。而且，**當他提出的證據薄弱時，他會選用顯著、堅定的字眼，以達到強調、補強的作用。**

例如，當海倫問彼得在學生時代有沒有作過弊，彼得可能會回答：「我沒有。」而如果他真的作過弊，為了要說服對方相信他沒有，他的回答可能會更明確、更斬釘截鐵：「我『考試從不作弊』。」當然，確實從未作弊的人也可能會有相同的回答，所以必須考慮這個回答與當時交談內容的前後關係，以及與其他線索之間的關連。

有時候，非常堅持某個定見或看法的人，不見得會大力強調自己的主張，因為他們對於自己的想法深具信心，不覺得有必要去「補強」。如果某人強調他絕不會改變心意，表示他其實搖擺不定，會受影響而動搖。他不希望你再繼續提出要求，否則他一定會投降。

然而，自信的人通常會說：「我很抱歉，我們已經盡力了。」、「情況就是如此，恐怕沒有轉圜的餘地了。」這並不是他們保護自身的擋箭牌，而是希望能為對方提供安慰。

說溜嘴的錯話

有時候，我們原本要說這件事，卻說成另一件事，這種情形被稱之為「說溜了嘴的錯話」（Freudian slip）。這是一種下意識的漏洞，也就是說，當一個人說錯話時，這「說錯的話」其實正反映並洩露了他的真實感受、想法或意圖。

例如，蘇珊原本要對老師說：「我真的很用功、很努力，我花了一個晚上才把功課『做』完。」而她卻說成：「我真的很用功、很努力，我花了一個晚上才把功課『抄』完。」

不切實際的保證

當你詢問對方，而他的回答卻淡化或掩蓋了原本的問題，那麼你就得注意了。例如，你問朋友：「關於昨天的談話，你說的都是真的嗎？」如果你得到的答覆如下，可得留心了：「當然都是真的，我絕對不會騙你，你知道我對說謊這種事很感冒的。」

又例如你問對方：「你可曾剽竊或盜用公物？」「沒有。我認為盜用公物是最糟糕的一件事，我不會做那種事。」或者：「你可曾騙過我？」「你知道我痛恨類似欺騙的行徑，這種行為很缺德。」

為了增加強調的效果，說謊者會提出不實際的保證，作為自己清白無辜的證詞。他知

道自己的立場薄弱，居於不利的地位，因此才會提出虛構的信仰理念——「盜用公物很糟糕」、「說謊很缺德」——來支持他的立場。

受不了沉默

你可曾有過這樣的經驗：初次約會時說錯話，讓你既不安又焦慮，而兩人之間陷入沉默，更讓你坐立難安、渾身不自在。相反的，一些已婚夫婦即便幾個小時都沒說上一句話，也不以為意，習以為常。心裡有鬼的人，才會沒辦法忍受沉默。

當你詢問對方的時候，留心他是否持續「提供更多訊息」，即使你沒有追問下去。一個典型的例子是，海倫問傑克：「星期五晚上你到哪去了？」傑克回答：「跟朋友出去了。」海倫對這個答案不置可否，傑克開始緊張了起來，以為海倫不相信他，於是他又繼續說「我們去看電影」、「我們怎麼樣怎麼樣」等「事實」，直到海倫有回應才住口；這讓傑克認為自己已經取信於海倫了。

不要把這種情況和「立刻全盤托出」搞混了，**心裡有鬼的人只會斷斷續續、一點一點地說，直到獲得對方認可的回應才停止。**而他之所以不停地說這些話，是為了填補因沉默而造成的談話空白。

暗示性的回答

人們不願答覆問題時，通常會以暗示作為回應。例如，一個男子透過電話和一個素未謀面的女子聊天，他開玩笑地問：「妳很漂亮嗎？」女子回答她每週健身三次、每兩天做一次有氧運動、曾經和數位男模特兒約會。這樣的回答根本不算回答，女子不過是在試圖迴避問題，用迂迴的方法暗示自己很有魅力。

以下的對話源自美國水門案的記者會，由記者海倫．湯瑪斯訪問尼克森總統的新聞秘書羅納德．季格勒：

湯瑪斯：「截至目前為止，總統可曾要求任何人辭職？或是否已經有人遞交辭呈？」

季格勒：「海倫，我已經一再說明，白宮的人事沒有任何變動。」

湯瑪斯：「我問的不是這個，我問的是總統可曾要求任何人下台？」

季格勒：「我知道妳問的是什麼，妳問第一次時我就明白了。我再回答一次：正如我所說的，白宮的人事沒有任何變動，沒有人遞交辭呈。」

季格勒既未直接回答、也沒有間接回答「總統可曾要求任何人辭職？」的問題。他企圖「暗示」自己已經做出回應，但事實上，他從未回答問題。

抓住說謊的小辮子

- 他會套用你的話來回答問題。
- 他持續「提供更多訊息」，直到確定自己已經取信於你為止。
- 他可能顯得非常堅定，讓你覺得他心意已決，不要再企圖說服他了。
- 留意說溜了嘴的錯話。
- 不做直接的回答，反而搬出他的信仰理念來淡化他的回答。
- 利用暗示，而非正面回答。

不尋常的說話方式

當真相可以達到相同的目的時，謊言還有什麼用處。

——佛斯特

我認識一位髮型設計師，他為顧客做完頭髮之後，總會把手直接伸進客人的皮包裡掏小費。沒有一位客人因此而不開心，因為他要小費的方式是那麼地純真無邪，不但令人發噱，也讓事情全面改觀。

兩個業務員研讀相同的銷售手冊，學習所有的銷售技巧，但其中一個業務員的業績總是遠遠超過另一個人的表現。這是因為如何敘述一件事，與所敘述的內容同樣重要，即使兩個業務員所說的話完全相同，傳達的訊息也可能天差地別。

當我們說一句話或一個句子的時候，強調的字眼不同，傳遞的意義也就完全不同。例如某人說：「蜜雪兒偷老闆的東西被逮個正著。」語氣特別強調「蜜雪兒」，即在傳達「誰」偷東西的訊息；若語氣特別加強「偷」這個字眼，則表示蜜雪兒不像是會偷竊的人。

接下來，我們要深入探討溝通中較細微難解的部分。你將發現，說話者企圖隱藏的想法和意念，通常和他表達、說話的方式有極大的關連。

先遲疑，再回答

回答問題的速度是一個主要的指標，尤其當你問的是關於態度、信仰或信念等無形的問題，而非有形實質的問題時，對方回答的速度更是關鍵。

一家知名連鎖餐廳在甄選員工時，運用了一個「回應計時」的測驗。他們會詢問前來面試的應徵者是否有種族偏見，或與某些人共事、為某些人服務會感到不自在。應徵者花越長的時間回答「沒有、不會」，所獲得的評分越低。

這個問題關乎信仰理念，並需要內在的運作程序。沒有種族偏見的人，很快就能做出回答；存有偏見的人則需要較長的時間考量問題之後，才說出答案。因為他們試圖說出「正確」的答案，因此需要比單單給一個誠實的回答更久的時間。

另一個考量的要素是，在回答了「是」或「否」之後，對方在多快的時間內針對問題做

進一步的說明補充。**說實話的人會很快地接著加以解釋；說謊的人就慢多了，因為他們需要時間「想出」一個解釋。**

反應過度

當對方對於你所提出的問題或意見反應過度時，你就得留心了，因為他正企圖用這種方式達到各種不同的目的。例如，面對指控，他想要表現出怒氣騰騰的模樣，但事實上他一點也不生氣，所以他誇大不悅，最後通常會顯得有點過頭。由於事實證據擺在眼前，因此他會想盡辦法要取信於你。另外，也要留意他破口大罵時所重複的說詞和內容。

有時候，為了說服自己以及指控者，他可能會宣稱對某種想法或信念感到氣憤，這是一種潛意識的反應。宣稱自己堅決反對賣淫的人，可能是為了掩飾真正的意圖——剛好相反，他贊成賣淫。由於他不願意察覺內心的真正想法，才使用具挑釁意味的表達方式，強化堅決反對賣淫的態度。當然，他也可能只是熱切地表達看法，所以你必須依據交談的脈絡，檢視他的說詞所代表的意義。

另一個可以留意的是表達方式：說謊的人會刻意避免使用含有「附屬」、「所有權」意味的字眼。例如，他謊稱他的車被偷了，他可能會說「那輛車子」，而非「我的車」或「我們的車」。當他謊稱他與某人之間的關係或某人的行為時，他可能會說「那個孩子」或「那

段關係」，而非「我的孩子」或「我們之間的關係」。

缺少情緒起伏的語調

騙子很少或根本不使用「我」或「我們」之類的代名詞；說實話的人則會無所顧忌地強調句子中的「代名詞」。另外，說謊的人也可能只會簡短地回答「是」，而非「是，我是」。說謊者也不會強調語氣的表達，例如，他不會說「我們玩得很開心哦」，而是說「很不錯」這種不痛不癢、曖昧不明的句子。

誠實的人表示同意或否認某件事時，會拉長句子的頭一、兩個字來強調，例如「不——是」（Nooo）、「是——的」（Yeeesss）、「當——然」（Of courrse）。這種強調的方式通常不會從騙子的口中說出來。「拉長字音」顯示說話者對自己的處境感到自在，也不介意做這種帶點玩笑式的回答。曾有一位擔任演技指導的朋友告訴我，演技未經琢磨的演員講台詞時，經常會語調平板，不經意洩漏了自己是一個菜鳥演員的事實。而拉長關鍵字的簡單練習，則可以使演員的表現更具說服力。

另外，**說謊者講話的聲調平平，缺乏抑揚頓挫。他的聲帶就像身體其他部位的肌肉，因為壓力而緊繃，說話聲音變得較高，但聲調缺乏變化。**我們通常會運用抑揚頓挫來強調我們的立場或論點，而一篇謊言卻常會伴隨著平板、毫無變化的聲調。

囁囁嚅嚅

說謊的人講起話來可能會不清不楚、囁囁嚅嚅的，好像那些話是硬擠出來似的，而且講話聲音較小，一點也不熱切。可能是出自恐懼，他的聲調會變得較高，說話速度加快，而且丟三落四，一點文法結構也沒有，還可能會吃螺絲、說錯話。

舉例來說，莎拉對她的未婚夫示愛，告訴他自己有多麼在乎他，她的未婚夫則用幾乎聽不到的聲音重複莎拉的話來作為回應。莎拉原本認為這沒什麼大不了的，直到她把一些事拼湊起來，才發覺事有蹊蹺。當一個人做出類似莎拉前任未婚夫的回應時，直覺會告訴我們事情不對勁，而那些不對勁的地方，往往就是事情的真相。

看似「聲明」的「提問」

「提出問題」和「做出聲明」是兩種截然不同的說話方式。假設某人給你一個答覆，字面上聽起來像是一個聲明，但形式上卻像一個問題，這就表示他對自己所說的話感到不確定，希望尋求你的認可。

又例如當你問某人問題時，她的回答完全肯定，但是在話快說完的時候，她的聲音提高、頭抬起來、眼睛睜大，即表示她對自己答案的信心還沒有強到想說服你接受的地步。

抓住說謊的小辮子

- 當問題涉及信仰、理念與態度時，作假的人通常需要較長時間才能做出回應。
- 留意對問題反應過度的人。
- 說謊的人不會使用「代名詞」，說話聲調單調，缺乏聲音表情，而且囁囁嚅嚅，一點句法也沒有。換句話說，他說起話來丟三落四，雜亂無章。
- 聲明聽起來像問句，表示他在尋求確認。

漏洞百出的心理徵兆

以下介紹的線索，是關於騙子的思惟方式，以及在一個虛構的事件之中，通常會缺乏哪些要素。

惡人先告狀

人們看待世界的方式，通常反映了他們對自己的觀感，如果他們認為世界只不過是一個充滿謊言和欺騙的臭水坑，那麼他們自己可能也是大騙子。對於那些常把「世界是多麼腐敗」掛在嘴邊的人，我們要提高警覺，因為正如俗諺所說的：「一葉知秋。」

說得更精確一點，如果有人突然沒憑沒據地指控你撒謊，這時你就要問自己：「為什麼他那麼偏執？」依照心理術語來說，這就是所謂的「投射作用」，也是惡人先告狀的原因。

如果你經常得向對方解釋自己的動機、交代自己的行蹤，你心裡就該有個底了。我們不是常聽到這樣的例子嗎？一個充滿妒意的男友指控女友欺騙、不忠，而女友最後才發現，原來這些指控都是源自男友因為自己不忠而感到心虛。

同樣的，如果他總是問你是否相信他，你就要留意了。正如患有偏執妄想症的人覺得每個人都能看透他，**說謊者也會一邊故做誠實狀，一邊不停地問對方是否不相信他**。而如果你的回應並非心中真正所想，說謊者就會說「你不相信我，對不對？」之類的話。

這裡提供一個很好的辯識指標：大部分說真話的人都會預期別人會相信他。

太在意自己的外在表現

評估一個人是否誠實正直，你會把焦點放在他的內在還是外在？這麼說吧，一位單身男子走進酒吧，希望能邂逅一名女子。如果他自認很有魅力，條件很好，那麼他會把焦點放在酒吧內女士們的長相；如果他覺得自己缺乏吸引力，他就會比較重視別人對他外表的看法。換句話說，他的焦點重心會隨著他的自信程度而改變。

當一個人對自己的說詞深具信心時，會比較在意你是否瞭解他所說的話，而比較不在乎自己的外在表現。這是一個細微的線索，但日常生活中這樣的例子屢見不鮮。**當你只在意自己的說詞或論點時，你會希望對方明白瞭解；當你企圖欺瞞或掩飾時，你會把焦點放在外**

表——自己聽起來怎麼樣、看起來怎麼樣、逼真嗎？

你會注意自己的一字一句、一言一行，試圖表現出你想要呈現的樣子。這些微的差異，其中卻是天壤之別。

陳述中缺少第三者的觀點

說謊者會十分小心地陳述事件的細節，卻經常遺漏了一個關鍵要素——第三者的觀點或意見。

這是因為陳述他人的觀點或意見，等於是為事件細節加入了另一個面向，而說謊者通常沒有聰明到能達到這種思惟層面。他或許把其他人也編入陳述的事件中，卻忽略了這些人的想法。

舉例來說，假設你問女友昨晚的行蹤，她說自己加班加到很晚，你不相信，於是進一步施壓，問她昨晚吃了什麼，以下是兩種可能的回答：

(1)「哦，我昨晚不怎麼餓，所以就直接回家和室友一起看電視了。她煮了義大利通心麵，但我沒吃。」

(2)「哦，我昨晚不怎麼餓，所以就回家看電視了。我的室友很驚訝我竟然不吃晚餐，尤其是她最拿手的義大利通心麵。」

這兩種回答包含的訊息幾乎完全相同，但是第二種回答多了想法的層面——室友的觀點。而我們會直覺地認為第二種回答比較可信，也比較可能是真的。

未包含第三者觀點的答覆，雖然不至於全是假的，但包含第三者觀點的答覆，通常代表你所聽到的是真話。

事事完美的情節

事件中出錯、不完美的部分，是另一個常被說謊者遺漏的要素。虛構捏造的事件，幾乎不包含任何負面的細節，因為說謊的人只在意把故事情節交代清楚，她的想法是單一面向的。

這種情況幾乎就像我對你說「別去想大象」，而你就是沒辦法不去想。因為在照我的話去做之前，你腦中必須先有一隻大象，然後才能不去想牠。

你若問朋友渡假的經過，她一定會陳述旅途中所有正面與負面的經驗——美味的食物、班機誤點等。接著，你再要求某人虛構一個渡假的經驗，你會發現他所說的所有情況都是正面的；遺失行李這種亂子，絕不會發生在捏造的旅行中。

但要注意的是，如果你要對方解釋耽擱或取消計畫的原因，你聽到的當然會是負面的情節。在這種情況下，這個線索並不管用。

缺少反問的答覆

高明的騙子可能精通於回答問題，好讓自己取信於人。但是，就算她的騙術再精湛，也會因為沒有適時反問對方而露出馬腳。

說謊的人之所以不會發問，是因為對她來說，這場對話並不真實。畢竟，她對你說了什麼並不感興趣，她只想取信於你。

舉例來說，在初次發生親密關係時，藍迪問剛認識不久的女友是否做過愛滋病篩檢，女友回答：「哦，當然有。」接著說了一些關於年度健康檢查、捐血之類的事，然後就結束話題了。

如果她真如她的答覆所暗示的非常注重健康，她應該也會問藍迪同樣的問題。騙子通常不知道，要別人認為她誠實無欺，不只要回答問題，也要提出問題。

抓住說謊的小辮子

- 我們看世界的態度反映了自我，如果你遭人指控，先看看指控者是否誠實正直。
- 注意他把焦點放在內在還是外在。當一個人對自己的說詞深具信心時，會比較在意你是否瞭解他所說的話，而比較不在乎自己的外在表現。
- 在說謊者編造的事件情節中，很可能遺漏了第三者的觀點。
- 在說謊者編造的事件中，通常沒有負面的情境。
- 說謊者願意回答問題，但不會提出問題。

謊言大搜索

以下是其他欺騙線索的重點總整理，這些線索可以單獨使用，也可以互相搭配運用。

急著想要結束話題

仔細觀察傾聽，當話題轉變時，他是否變得比較開心、顯得如釋重負，甚至臉上出現一抹微笑，或發出不安的笑聲。注意他的姿勢是否比較放鬆，少了一點防衛。他的情緒轉變得多快、多戲劇化，都顯示了前一個話題如何令他不安。

試探他，看看他是否很快地轉變話題。面對惡劣的指控，他若清白無辜，一定會憤慨難當，並堅持要立刻或另外找個時間針對此一指控做進一步的討論。切記，**有罪的人會想要改**

變話題，而清白的人總是想要繼續討論交談。

不尋常的冷靜

面對嚴厲的指控或名譽遭到挑戰，他既不憤慨也不難過，那麼就很有可能是罪證確鑿。據說，辛普森殺妻案在初步偵訊階段，辛普森被控殺害前妻及其友人朗恩．戈曼時，絲毫未露惱怒之色，頗令偵訊此案的檢察官好奇。

騙子遭受指控時，會像學生被校長教訓一樣面無表情，絕不會出現類似「什麼?!」的驚訝表情。因為他比較關心的是要如何回應，而不是指控本身。

老是把「誠實」掛在嘴邊

你有沒有碰過這種人——一劈頭就說「老實說」、「坦白告訴你」、「我跟你說實話」之類的話。誠實的人不需要在開口前先說這類的話來取得你的信任。有些人會習慣性地使用這些句子，它們所代表的字面意義是，在這些話之前的是謊言，在這些話之後的也是謊言，而現在他決定暫時停下來說真話。

如果這不是他的口頭禪，那麼你就得留意了。假如他準備告訴你實話，就不太可能用這些句子作為開場白。如果他覺得有必要事先聲明自己的坦白老實，以及你接下來所聽到的將

是實情，那麼可以肯定的是，真相永遠不會在你面前出現。

另一個普遍、惱人的句子是：「我為什麼要騙你？」在指控別人時聽到這句回應，你得抱著懷疑的態度。如果他遭到指控，他可能有絕佳的理由扯謊。

對於「我從不說謊」這句話，你必須隨時小心謹慎。任何需要宣示自己善良本性的人都會這麼說，因為你沒有其他方法發現這是否屬實。有些人會說任何話，好讓它們聽起來可信，甚至當著你的面空口說白話。一個人的名譽應該不辯自明，當一個人對你宣稱「我是你所見過最誠實的人」，不要只是走開，應該拔腿就跑。

精準排練的說詞

如果他的說詞聽起來像是排練過的，那麼極有可能的情況是，他預期你會提出這個問題，且事先花時間編排了情節。一般人應該無法輕易回想起所有的實情和細節，而他卻能輕鬆地把事情交代清楚，這就表示他早有準備。舉例來說，某人問珊曼莎兩個月前的某一天去了哪裡，演練過的答覆可能會是：「我去上班，五點半離開公司，再到卡瑞塞拉餐廳吃晚餐，用餐到七點四十五分，然後就直接回家了。」

執法人員發現，運用這個線索的效果極佳。假設警官訊問嫌犯兩年前某一天的經過情形，如果嫌犯能夠一五一十地說出當天做了什麼、去了哪裡，就非常不對勁了。畢竟大部分

的人通常連昨天早餐吃了什麼都記不起來呢！

事先演練答案，為說者提供了一個管道，給予聽者從未詢問、但他們亟欲傳達的訊息。政客就是以精擅此道出名，面對質詢，他們會回以風馬牛不相及的答覆，有時甚至在問題上動手腳，或將問題引導到另一個方向。

在威廉．甘迺迪．史密斯強暴案審判期間，史密斯的叔叔泰德．甘迺迪被傳喚為被告證人，就他所知說明案發當天的經過。在不過幾分鐘之內，泰德．甘迺迪對著法庭內的每一個人娓娓道出甘迺迪家族的家族史、約翰．甘迺迪等兄弟的離世，以及他曲折多磨的人生。他的一席話就像催眠般迷住了整個法庭，讓人們回憶起甘迺迪家族成員的氣質和迷人魅力，也為威廉．甘迺迪．史密斯帶來好處。我們很難論定泰德．甘迺迪的說詞是否帶來直接的影響，但事實是：史密斯最後被判無罪。

拖延戰術

說謊者可能不會支吾其詞，而是說一些話來為自己爭取一些時間，以採取最佳的應變方式、準備說詞，或是乾脆轉變話題。這些話全是拖延戰術，例如，你問對方多大年紀，他則回答：「你認為我多大年紀？」很明顯的，你的回答可能會影響他的答覆。

以下是較為常見、用來拖延的句子：

- 「你可不可以把問題再重複一遍？」
- 「這要看你怎麼看待它。」
- 「你的意思到底是什麼？」
- 「你怎麼會問這種問題？」
- 「你從哪裡聽來的？」
- 「這到底是從哪裡冒出來的？」
- 「你可不可以說得更明確一點？」
- 「你怎麼敢問我這種問題？」
- 「我想我們都知道問題的答案。」
- 「這不是簡單一句『是』或『不是』就可以回答的。」
- 「這是一個很棒的問題，我需要時間想一想。」
- 「你會保守祕密嗎？太好了，那麼我也會守口如瓶。」
- 「我想現在不是討論這個問題的絕佳場合。」
- 他用一種不可置信的語氣重複你的問題，把它丟還給你。例如：「你這是在問我是不是賣給你一隻心臟有毛病的小狗嗎？」

說得天花亂墜

有一句老話說：「如果它好到不可能成真，那麼它一定不是真的。」

在辛普森殺妻案審判期間，警探馬克．福曼在證人席上宣誓，在過去十年以來，他從未使用任何具有種族歧視意涵的特殊字眼。當時幾乎所有人，包括陪審團在內，都不相信他的話。如果他承認過去的確曾使用過具有種族歧視意涵的特殊字眼，並感到懊悔，那麼大家還會認為他這個人蠻可信的。然而，他卻說自己從未使用過那些字眼，這怎樣都令人難以置信，而最後事實也證明了他說謊。

如果一件事聽起來不太真實，無論對方有多可信，你都需要做進一步的探查。

狡猾的誤導

除了「明示」的謊言之外，還有一種「暗示」的謊言。

一九六〇年美國總統大選期間，尼克森試圖提醒美國民眾，他的競爭對手約翰．甘迺迪是天主教徒，而非清教徒。在此之前，美國從沒有一位總統是天主教徒，因此尼克森認為約翰．甘迺迪是天主教徒的事實，可能會使選民感到不自在。但在公眾面前明顯指出競選對手的宗教傾向，又會使自己手法顯得拙劣，於是，為了維護聲譽，並根據智囊團的策略，尼克森說了以下這段話：「我不希望有人因為約翰．甘迺迪是一名天主教徒，就不把選票投給

他。」這句話的意圖明顯不同於它所傳遞的訊息，即使後來歷史證明尼克森此舉徒勞無功，但他的確巧妙地傳達了他的要點。

無論何時，只要有人強調他們沒在做某件事，你就可以確定，他們就是在做那件事。舉例來說，在一次相親之後，女方告訴男方接下來幾個星期她忙得要命，但她不想讓他覺得她企圖甩掉他。如果她根本沒有那個意圖，就不會說出這種話。若有人對你說：「我不是有意要傷你的心，但……」那就表示她根本不在乎是否傷了你的心。

另一種透過暗示的巧妙謊言是以否定的形式呈現，運作方式如下：一位經紀人企圖說服一位角色總監，讓他旗下的演員約翰．瓊斯取代另一位演員山姆．史密斯在戲中軋一角。經紀人小心翼翼地說，山姆上個月在一所專門協助戒毒戒酒的醫院出現，但據說他只是前往探視一位朋友。角色總監聽了之後，便會開始納悶山姆是否有酗酒和嗑藥的問題。但如果那位經紀人說山姆是去醫院接受治療，那麼角色總監就會懷疑他的意圖。

讓我們看看另一個例子。某人說：「他的婚姻出了問題，但這與他太太的新工作無關。」聽到這句話之後，你的第一個問題會是什麼？是不是「他太太做的是什麼工作？」突然之間，你已經莫名其妙陷入對方引導的話題中了。很聰明，不是嗎？千萬注意不要被誤導了！

嘲諷的回應

有些人會用幽默或諷刺挖苦的方式堵住你的嘴，讓你無法再追問下去。例如，你問手下一位業務員是否面臨競爭壓力，她回答：「當然有呀！我每天都和競爭壓力在一處祕密的倉庫碰面。你必須有特殊的暗號，才能進入那個倉庫。我們就在那裡討論你事業走下坡的原因。」她知道當她這麼說時，如果你再問下去，就會顯得自己很愚蠢。

當你詢問一個嚴肅的問題時，應該得到直接的回應，而不是挖苦嘲諷。

售貨員的詭計

你是否遇過以下的情況：你在尋找一件商品，但售貨員告訴你這件商品比另一件商品差，而結果其實是你想要的那件商品已經沒貨了。很明顯的，如果售貨員表示的確有那件商品，但他想介紹更好的產品給你，這種說法就比較可信。因此，在你接受他所謂更好的商品（或其他事物）之前，先確定他是否真有你原先想要的貨品，如果他沒有，最好別相信他。

相同數字的陷阱

有句俗話說：「向來都說實話的人，不需要記得任何事。」說謊者為了讓自己的說詞顯得流利順暢，通常會落入數字的陷阱中。由於他想得太快，並試圖記住自己說了什麼，所以

他提到的數字往往都是同一個數字，或是另一個數字的倍數。以下的對話就是典型的例子：

面試者：「你有幾年餐飲管理的經驗？」

應徵者：「我曾在三個不同的地方工作，總共有六年左右的經驗。」

面試者：「說一說你在這些地方工作的經驗。」

應徵者：「我每週工作六十個小時，負責管理大約十二位員工……」

當事實、數字和訊息異常雷同時，你就得小心了。

不自主的緊張

我們可以控制某些姿勢動作，但以下所列舉的不自主反應卻超出我們的控制範圍，或只能施予極少的控制。

逃匿症候群

他的臉色可能轉為潮紅，或是因為極度恐懼而變得慘白、呼吸急促、不停冒汗。為了讓自己鎮定下來，他可能試圖控制呼吸——深呼吸，你甚至可以聽到他吸氣吐氣的聲音。

身體顫抖，聲音發顫

他的雙手可能開始抖動，如果他把手放到你看不到的地方，可能就是為了隱藏無法控制

的顫抖。另外，他的聲音可能變得粗啞、斷斷續續。

吞嚥困難

電視或電影演員經常會以吞嚥困難來表達內心的恐懼或哀傷，但另一個情況是，情緒焦慮會使得黏液卡在喉嚨裡，讓人不自主地清喉嚨。情緒緊張的演說家在開始發表演講之前常會清喉嚨，原因就在此。

聲帶緊繃

人在緊張的時候，聲帶會像身體其他部位的肌肉一樣緊繃不已，聲音也會變得較高。

注意力渙散

當我們處於壓力之下，集中注意力的能力通常都會減弱。這就像參加一個宴會，彼此素未謀面的人相互介紹之後，很快就忘了對方的姓名。你可以觀察對方是否有分心或注意力無法集中的現象，以分辨他是否在說謊。

吹口哨

當一個人感到害怕或焦慮時，藉由吹口哨來放鬆似乎是一個普遍的反應，不知不覺地希望藉以增加勇氣或信心。大部分的人緊張時都會有一些小動作，可能會撫摸耳朵，讓臉上的

假笑看來更有自信。

借力使力

古老的柔道運動有一項十分重要的哲學：不要以力制力，而是要借力使力。同樣的，精通此道的騙子絕不會自我抗辯或爭論，他們只不過是借用你的說詞來支持自己的主張。

舉例來說，警衛查驗一名男子的身分證件之後說：「我恐怕不能放行。」男子回答：「這我一點也不驚訝，只有少數幾個人知道我有通行許可。我在這裡工作，本來就是不能隨便讓任何人知道的事。」

瞧，這名男子一下子就打發了警衛。如果他開始爭執，堅稱自己有通行許可，並且大罵警衛是笨蛋，不知他是何許人，那麼最後一定會碰壁。相反的，他同聲附和，贊同警衛何以不能放行，並向警衛解釋不予放行的理由，而那正巧就是他可以入內的理由。

某家生產焙果的公司曾運用這個策略解決了產品行銷的困境。該公司銷售的是冷凍焙果，他們希望為產品建立「新鮮」的形象——與大多數人認為冷凍就是不新鮮的想法相反。他們所打出的產品標語是：「因為冷凍，所以最美味。」

注意對方是否用一個最明顯不過的事實來支持一個可疑的主張。

假裝道貌岸然

這條線索非常巧妙，而且非常普遍，你可能就曾經歷過多次相同的經驗。每一個人對於事物的條理秩序、連貫性，以及一致性，都有與生俱來的需求，而這條線索就源自這種人類的天性。

騙子常會表現出一種特定的道德傾向，讓人們以為他的其他行徑一定也是如此道貌岸然。舉例來說，你在一家規模龐大的公司任職，財務部門的主管小喬認為你可能發現他侵吞公款的陰謀。他知道你手中尚未握有確實的證據，但也急於改變你的想法，擺脫你的盯梢。小喬會怎麼做呢？在你面前，他可能會公然斥責其他同事把文具等公用物品「借」回家作為私人用途。而看到了這付景象的你，對小喬的觀感會是：他很有道德感，連盜用公司文具等芝麻小事都看不慣，當然不可能與侵吞公款這種大事扯上邊。

又例如一個發生短暫婚外情的妻子，面對心生疑竇的丈夫，可能有類似以下的說詞：「老公，你記得莎莉的先生哈維嗎？吉爾告訴我，他們的婚姻出了問題，因為哈維在聖誕派對上親吻了一個女同事。我覺得莎莉應該跟那個爛人分手，天知道哈維還做了什麼好事！就算那只是一個普通的親吻，但誰曉得當時他心裡打的是什麼主意！真是一個笨蛋！」

聽到這番話的丈夫，可要認真想想枕邊人是否紅杏出牆了！

淡化處理

如果她輕描淡寫、漫不經心地告訴你一件其實蠻重要、值得多放點心思的事，那麼你就得留意了。

例如，她說：「喔，順便告訴你，下個週末我要到外地出差。」如果她很少在週末出差，那麼她應該會對你抱怨週末出差有多離譜之類的話。她如此輕描淡寫，讓這趟出差疑點重重。

不尋常的事情發生了，她卻等閒視之，一點也不重視，表示她企圖轉移注意力，而且通常事有蹊蹺。

另一種手法是，她劈哩啪啦講了一長串的東西，就是希望你忽略其中某個細節。精通「把東西變不見」手技的魔術師都明白，他們的戲法之所以奏效，端賴把觀眾的注意力牽引到他想要的地方。因此，**當你的注意力被引導至某個方向時，記得查看另一個方向隱藏了什麼。**

小心慣犯

如果你逮到某人扯了一個謊，那麼你很自然地會對他所說的其他事都抱持懷疑的態度。例如，你在選購一輛車子，業務員告訴你動作得快一點，因為另外兩個客人也相中同一部車子，而且這輛車是庫存的最後一輛。這時，你不妨說類似以下的句子：「我聽說這款車種比

其他大部分的車種保值，是真的嗎？」或是：「我聽說他們將大幅提高明年車款的價格。」一位童叟無欺的業務員若是沒聽說這樣的消息，一定會提出質疑。如果業務員很快地同意你的說法，就表示他幾乎不擇手段想要達成交易，而這可能也表示根本沒有其他人中意這部車。

可能的話，試著找出對方是否惡名昭彰，因為誠實是個性使然，而一個人的個性不是輕易能夠改變的。

過於離譜的情節

「你絕對不會相信我發生了什麼事。」這種句子你聽過多少遍了？

常識告訴我們，如果我們想要取信於人，應該盡可能讓自己的說詞或解釋聽起來可信。這通常是真的，但也有例外。有時候，越是令人吃驚的情節，越令人信服，為什麼？因為我們自忖：「如果這個人存心騙我，應該會編一些不至於如此離譜的故事出來。」

所以，騙子在美化他的故事情節時會加上一句：**「你不覺得如果我要騙你，應該會編一些較可信的東西嗎？我跟你說的這些事，根本無從編造嘛！」**事實上，他就是在編造故事。

抓住說謊的小辮子

- 轉變話題之後，他的心情比較好、比較放鬆。
- 面對不實指控，他一點也不憤慨。
- 他會使用「老實說」、「我跟你說實話」、「我為什麼要騙你？」之類的句子。
- 對於你所提出的質疑，他的回答聽起來像是經過排練一般。
- 他請你把問題重複一遍，或反問你一個問題，作為拖延戰術。
- 當他說：「我不希望你認為……」通常他就是希望你如此認為。
- 當他無法給予你原本想要的東西時，他會提供你一個「更好」的選擇。
- 他提到的數字都是同一個數字，或是另一個數字的倍數。
- 他出現因為焦慮所產生的不自主反應。
- 對於一件其實滿重要、值得多放點心思的事，她卻輕描淡寫地帶過。
- 他針對犯下類似行徑的人表達心中的不悅，試圖消除你的疑慮。
- 他的故事情節太離奇了，令人難以置信，但是你還是相信他了。因為你認為如果他存心騙你，應該會編一些較可信的說詞才對。

PART 2

善用套話技巧

欺騙這東西，以無知為食，漫不經心地在真相周圍結網，落入網中的獵物，注定悔恨交加。

——大衛・李柏曼

本章將提供一套精密完備、無所不包的探詢系統，幫助你從對方——不管他是何方神聖——口中套出實話。我們常會在未做好充分準備時就投入一場唇槍舌戰，以致無法理清思緒，有效表達心中的想法，而總是在結束這場舌戰後才想：「啊！那天我不應該那麼說，應該這麼說才對！」

本單元所提供的線索可信度極高，適用於生活中所有情境。無論處於何種情況，只要想取得事實真相，都可以運用這些線索做一連串的詢問，進而明確得知(1)對方是否說謊；(2)真相是什麼。

這套程序是我從事人類行為研究所發展出來的結果，分為以下三個階段，只要循序運用，真相幾乎唾手可得。

階段一：三項基本策略，試探背後意圖

有時候，這套技巧可以揭示一個人的過失，但如果它沒有發揮作用，你也不會失去任何優勢，仍然可以接著進入第二個階段。這三項基本策略可以用來試探一個人的弱點，以及評量他對

某一特定話題的關心程度。

階段二：十一項進階策略，掌握詐騙證據

這個部分包含了一個直接，以及其他十個可能的進階策略，你必須針對當時的情況，選擇使用最適合的策略。這些精心設計安排的進階策略，可以讓你處於最佳的情勢，以獲得實情。你將發現最重要的是如何安排措辭——什麼在前、什麼在後，因為說詞的脈絡代表了一切！

階段三：十一項終極攻勢，直搗謊言核心

如果你仍然不滿意，就繼續出擊吧！對方可能尚未坦白招認，但你已經知道他沒說實話。這個階段將提供一些處理步驟，幫助你取得真相。你可以隨意安排次序，展開這些終極攻勢，但某些攻勢不適合與其他攻勢一起使用，因此，你必須選擇最適合當時情境的終極攻勢。

這套探詢系統的操作方法是，首先從第一個階段開始，打好基礎，然後進入第二個階段，從十一項進階策略中選擇其中一個來使用。如果對方仍然沒有招認，那麼再依序展開終極攻勢，最後的結果將會十分驚人。

如果用「兵工廠」、「武器」、「攻勢」這些詞句來解釋如何拆穿謊言，讓你產生尚武好戰之感，是可以理解的。但是就情況而論，這些詞句完全貼切。謊言的殺傷力非常強大，你必須自保，瞭解發現謊言的真實過程——在一場唇槍舌戰中找到真相。從今以後，只要你進入戰場，一定是全副武裝，有備而來。

三項基本策略，試探背後意圖

大部分的人都熟知一九二一年由赫曼・羅沙哈發展出來的羅沙哈測驗（Rorschach test）。該測驗由十個雙邊對稱的墨跡圖形組成，每一張卡片上有一個圖形，這些抽象圖形沒有特殊的含意或形狀，測試者一次顯示一張圖片給受測者。簡而言之，這個測驗背後的理論是，每個人對卡片上的墨跡圖形所做的詮釋，揭露了他／她的潛意識想法。

在這個部分，我們擷取了與羅沙哈測驗相同的心理原理，但改採一種全新的方式加以運用：藉由抽象的「語言」測驗，探看對方的心思。換言之，一個人內心的真正意圖，將從他的言辭與肢體動作中浮現出來。

基本策略A：用暗示代替指控

如果直截了當問對方：「你是不是一直在騙我？」將使他心生防衛。因此切記，不要指控對方任何事，而是應該針對他可能犯下的行為，提出拐彎抹角、具暗示性的問題。如果他根本搞不清楚你在暗示什麼，就很可能是清白無辜的；但如果他展開自我防衛，那麼表示他明白你意有所指。

正因為你的指控屬實，對方才明白你的暗示所為何來。相反的，對於你的暗示，清白無辜的人根本丈二金剛摸不著頭腦。

不要把詢問變成一種指控，或是問得太粗略空泛。例如，你懷疑某人涉嫌謀殺，你不會說：「上個週末，你有沒有殺人？」或者，如果你問：「你那天過得如何？」則又顯然太空泛了。

你應該把問題設定到一個方向，讓對方——唯有在他確實有過失的情況下——懷疑你何來此問。如果他是清白的，就不會出現不尋常的反應，只會表現出「你的問題有點怪異」的態度。

就好比如果你問鄰居是否有外星人降落在他們家前院的草坪上，你可別指望他們會正經八百地回答你的問題。他們會可能開個玩笑回敬你，或是沒完沒了地捧腹大笑。你當然不會聽到「你為什麼這麼問？」、「是不是有人跟你說了什麼？」之類的回答。如果他們的回答

真是如此，就頗耐人尋味了。

當你提出質疑的時候，態度要平淡，就事論事，不要張牙舞爪，大擺架式。你總不希望對方起了防衛心——除非他有理由如此。注意所有欺騙的線索，特別是當你還沒有催促逼問他時，他就開始不停地說，持續告訴你一些訊息。

不論對方的心思為何，一定都會顯露於言談之中。如果他清白無辜，他會輕鬆隨意地回答你的質疑；如果他確實有過失，在不確定你為何有此一問的情況下，他會針對你的質疑提出問題，試圖知道你心裡在想什麼。

提出質疑的關鍵是：你的措辭要讓清白的人聽起來很單純，讓有過失的人聽起來像是指責。

以下是針對三種情況提出質疑的範例：

- 你認為手下一名職員是因為偷竊才被舊東家開除。於是，你可以問這名員工：**「你還跟以前的老闆保持聯繫嗎？」**
- 你覺得男友或女友昨天晚上與人有染。這時你可以問：**「昨天晚上有發生什麼有趣的事嗎？」**
- 你認為一名同事對你的秘書打小報告，說你迷死她了。於是，你可以問該位同事：**「最近有聽到什麼勁爆的八卦嗎？」**

任何類似「**你從哪裡聽來的？**」、「**你為什麼這麼問？**」的回答，都表示她與此事確有關連。

如果她不覺得你的話有任何暗示作用，應該就不會想從你身上得到更多訊息，也應該不會對你的問題感到好奇，除非她認為你可能知道一些她不希望你知道的事。

基本策略B：引述類似的情節

這個策略運作的方法是，把心中懷疑的事藉由類似的情節引導出來，方法分為「特定」與「概括」兩種，這裡先介紹「特定」法，「概括」法留到基本策略C再做討論。

這個方法很管用，你可以把話題打開，卻又不會讓對方感覺受到指責。以下介紹兩個例子：

● 你懷疑手下一名銷售員吉姆為了業績而欺騙顧客，於是你說：「**吉姆，我在想，不知道你是否能幫我一個忙。我注意到某一位銷售員向顧客介紹商品時做了不實的陳述。你認為我們應該如何澄清這件事？**」

如果吉姆是清白的，他可能會提出自己的建議，並因為你向他求援、詢問他的意見而感到高興。如果他確有過失，則會顯得不安，並向你保證他從未做出諸如此類的事。無論如何，這一招都將開啟進一步刺探的門道。

●一名醫院的行政主管懷疑院內一位醫師在值班時飲酒，於是，他對該位醫師說：**「馬庫斯大夫，我想聽聽你的意見。我有個在另一所醫院服務的同行有了一點麻煩，她覺得手下的一名醫師在值班時段喝酒，你認為她可以用什麼方法與那位醫師談談這個問題？」**

同樣的，如果馬庫斯大夫的確在值班時喝酒，他會顯得非常不自在；如果根本沒這回事，他將樂意給予建議，並因為你向他尋求意見而感到愉悅。

基本策略C：假裝吃驚

運用這個策略，你既可以用輕描淡寫、概括的方式引出話題，又可洞悉對方是否清白或犯下過失。例如：

●你認為一名學生考試作弊，於是你對她說：**「真不知道某人怎麼能在考試的時候作弊，卻沒發覺我從頭到尾一直站在她後面？真令人吃驚！」**

●你懷疑一名同事在老闆面前嚼耳根，編派你的不是。於是你說：**「在辦公室裡搬演用計陷害、扯後腿的卑鄙行徑，真是太令人驚訝了，不是嗎？幹下這種勾當的人好像認為事情不會傳到當事人耳中一樣。」**

●你認為女友可能不忠，於是你對女友說：**「真是令人吃驚！怎麼有人能對情人不**

忠，又期望不會東窗事發。」

同樣的，任何類似**「你為什麼這麼問？」**、**「你從哪裡聽來的？」**的回答，都表示她／他與此事有所牽連。

有時候，沒有必要與我們認為有欺騙嫌疑的人做正面對質，只要我們自己心知肚明即可。在這種情況下，不需要執行下一個階段的進階策略，只要運用基本策略，即可滿足我們的好奇心；或者可以使用第三章的技巧，謹慎地蒐集訊息。

【註】在運用基本策略B、C的時候，可能會遭遇另外兩種回應——對方可能開始針對你所提出的話題做一般性的談論，或是徹底轉變話題。若是轉變話題，即表示他犯下過失的可能性極高。然而，如果他覺得你的問題很有意思，而他又清白無辜，他可能就會開始跟你談論起來。這強烈表示了他的清白，因為他不怕談論這個話題，也沒有探究你帶出這個話題的原因。

抓住說謊的小辮子

- 他針對你的暗示展開自我防衛，試圖辯解。
- 為了確認你是否懷疑他說謊，他會提出「你為什麼這麼問？」或「是不是有人跟你說了什麼？」之類的質疑。
- 類似的欺騙情節令他感到侷促不安，甚至會主動提出自己絕對不會這麼做的保證。

十一項進階策略，掌握詐騙證據

星期天早上八點，你還賴在床上睡覺時，門鈴響了。你起身披上睡袍，嘴裡咕噥著，睡眼惺忪、搖搖晃晃地走到門前。你打開門，看見一個充滿笑意、活力充沛的年輕女子站在門前，手裡拿著一本亮閃閃的小冊子在你面前晃來晃去，請你給她三十秒就好。

十分鐘之後，你關上門，踉踉蹌蹌地回到床上，納悶著：「為什麼我要給那女人三百塊錢，去救那些瀕臨絕種、身上有紅色斑點的青蛙？我壓根不喜歡青蛙！」

很明顯的，這其中一定有什麼東西讓你用你所喜愛的事物——金錢，去交換一個你不特別在意的東西——青蛙。由此可見，有時候，提出請求的情境背景——而非請求本身，決定了一個人是否願意配合或加以抗拒。

進階策略A：正面質疑

有時候，單刀直入、開門見山是最佳的方式。唯一的缺點是，直截了當地向對方提出質疑後，你就無法再施展其他後續的招數了，除非過了很長一段時間，你才能繼續使用。

步驟一：開門見山

當你與對方交談時，依照下列六個指導方針，將能取得最多訊息。

(1)不要預先讓對方知道你將提出的質疑，或是顯露任何不信任之色。因為對他來說，由你主動提出、不請自來的問題是最棘手、最難以回答的。所以，如果他先帶出那個話題，千萬記住，一定要在他做了聲明、提出說詞之後，你才開始加以詢問。

但在以下的情境中，你比較難看穿他是否有所欺瞞：

- **他以前曾回答過相同的問題**。如此一來，他將處於一種穩固的情勢，並且知道該如何取信於你。所以，當你提出質疑的時候，記得要把問題重新「包裝」，不要一直重複問相同的問題。運用各種不同的方式提出質疑，查出他是否欺瞞的機會就更大。
- **他知道你會有此一問**。因此你必須不動聲色，不要洩露了你的心思。
- **他知道自己下一步要說什麼，就像演員在唸台詞一樣**。你明白他的話並非出自肺腑，而是照著他自己的腳本宣讀罷了，但你只要再多給他一點時間，你大概就會隨著他

哭、隨著他笑了。不論他如何訓練有素，一旦出了腳本的範圍，那些未經事先排練、準備的部分，就是他露出小辮子的地方，等著你去把它揪出來。

● **他認為自己有正當的理由說謊，情有可原**。如此一來，他心中就沒有罪惡感，一些源自內疚而產生的欺騙線索也就消失了。當人們對自己所說的話深信不疑——即使他們內心並不相信，他們會說得振振有辭，極具說服力。

● **他覺得情勢並不危急、或是風險很小，所以他可能不會顯露緊張不安的神色**。這表示你所探查的線索不管用，該試試其他的線索了。

● **他有嚴重的精神失調（mental disorder），沒有是非對錯的概念**。

(2) **絕對不要先洩了你的底**。先問對方一些問題，蒐集一些訊息，評估它們是否與你所知的情況相符。

在第二次世界大戰期間，英國人破解了德軍所使用的密碼，獲悉德軍即將襲擊位於英格蘭中部的城市考文垂（Coventry）。然而，如果英國首相邱吉爾把考文垂的居民疏散到別處，德軍就會知道英軍已破解了密碼，而重新改變密碼。很顯然的，這讓邱吉爾進退維谷。權衡考文垂居民的身家性命，以及日後可能祕密取得的大量德軍作戰計畫，邱吉爾決定不向考文垂的居民透露實情，數百人因此喪生。

幸運的是，你不必陷入這種難題與困境。不過由此可見，有時還是不要暴露自己的立場

比較好——即使它意味著必須忍受短期的巨大損失。

我們應該把更大的目標放在心裡，這麼做才有可能使對方犯下錯誤，或洩露與實情互相矛盾的訊息。假如他知道你手中握有哪些牌，他就會修改自己的說詞，讓它們與你所知的訊息相符一致。

(3)你的所有表現，都會大大地影響對方的態度。就連解開外套的釦子，或展開原本交叉的雙臂這麼簡單的動作，都能使對方少了一點防衛之心。

當你與對方是「一致」的時候，他會感到自在得多，態度也會比較開放。「一致性」可以產生信任，讓你與對方之間築起一道心理的橋樑，你們之間的對話會變得比較正面積極，你也更具說服力。

以下是三個建立一致性的強力祕訣：

- **一致的姿勢與動作：**如果他把一隻手放在口袋裡，你也依樣畫葫蘆；如果他做了一個手勢，過了一會兒之後，你也若無其事地做相同的手勢。
- **一致的說話方式：**試著與他保持相同一致的說話速度。如果他說話的聲調緩慢放鬆，你就緩慢放鬆；如果他說話速度很快，你也跟著快。
- **一致的關鍵字：**如果他傾向使用某些字句，你也套用同樣的字句。例如，他說：「這個提議可以為兩造雙方帶來不可思議的獲利。」在之後的交談中，你可以說「我喜歡

這個提議，它可以為兩造雙方帶來不可思議的獲利」之類的話。

千萬不要表現出你在模仿他，明顯地模仿對方的動作，只會徒勞無功。一個簡單普通、酷似對方言行舉止的動作，就已經非常足夠了。一旦你精通此技，它將會是一個強而有力、銳不可擋的技巧。

接下來，你可以進入步驟四，以造成對方的緊張不安，並且輕易地轉換策略。但是，你可不希望一開始就把他弄得緊張兮兮，而是要創造一個情境，在這個情境中，唯一會讓他感到緊張不安的理由，就是他確實做了一些錯事。這麼一來，任何出自緊張焦慮的反應或動作，都是他進行欺騙的產物，而非你所創造的情境的產物。

(4) 測謊機運用所謂的「底線」來測謊，這個底線相當於一個人正常的焦慮程度。這是一個好方法，如果可能的話，試試類似的作法。你可以問對方一個問題，促使他做出類似你所預期的反應。

同時，你也必須先知道某些特定的行為模式是不是對方慣常行為的一部分。如果你並不熟悉他的為人，你就必須先確知，當他面對一個很容易回答的問題時會如何回應，並以此作為判斷基準。換句話說，假設不論在談什麼話題，他一定會有舞動雙臂的慣常動作，這可能就是你要先知道的。

(5) 你的姿勢應該保持放鬆的狀態，並且不具威脅性。不過可能的話，你還是要擺好架

勢，與對方面對面地交談。「面對面」可以讓你發現對方從肢體語言洩露出來的線索（見14頁「洩露真相的身體語言」）。

(6)絕對不要打斷對方。當你開口說話時，就無法觀察發現任何新的進展了。試著問對方開放性的問題，如此你也有機會聆聽比較長的回答。

經過以上六個方針，如果你尚未得到你所尋找的答案，繼續進行下一個步驟。

步驟二：保持沉默

不要做任何回應，此舉通常會使對方繼續說下去。犯錯、心虛的人厭惡沉默，因為沉默讓他們感到不安。沉默也提供了一個機會，讓你觀察對方是否出現轉變話題、發出不安的笑聲或緊張等舉動。

如果你還是沒有得到你所尋找的答案，繼續進行下一個步驟。

步驟三：再問一次

在他結束回答之後，你簡單地說：「真的嗎？」如此一來，將再給你一次機會評估他所做的回應。由於他還不知道你對他的回答有何觀感，所以你不會露出破綻，而且還能迫使他重複做一次回應。

在這個階段，你應該觀察在句子結束時，他的音調是否往上提高（見40頁「看似『聲

明』的『提問』」），如果有，表示他可能下意識地在尋求你認可他的答覆。

如果你還是沒有找到答案，繼續進行下一個步驟。

步驟四：將對方一軍

在步驟三之後，接著問他：「你有沒有什麼心事要一吐為快？」這句話會使他處於守勢而心生防衛。此時，比起之前你對他的質疑，他會顯得更加緊張，一些蛛絲馬跡也會因而顯露出來。

一般人可能不懂為什麼要這麼問，因為無論如何，對方的答案一定是「沒有」。其實這樣一來，你已經改變了整個交談的氣氛，讓他驚訝到不知所措。

如果你仍然沒有找到答案，繼續進入階段三的終極攻勢（見101頁）。

進階策略B：引導與侷限

步驟一：問一個引導性的問題

問對方一個他不介意據實以告的問題，一個把回答限定在他感覺是正面的問題。這個技巧就是所謂的「引導與侷限」。

例如，妳想知道男友昨天晚上是否外出，若妳直截了當提出質疑，他可能認為妳聽了實

情之後，一定會引起爭執，所以決定撒謊。

相反的，妳可以說：「你昨天晚上是不是兩點多才回家？」如果他真的沒有外出，他會毫不猶豫地說他沒有出門；但是如果他確實外出，他也會因為妳的語氣聽起來還不錯，而加以承認。這時，他是否晚上兩點多才回家不是重點，重點是妳已經得到妳真正想要的答案了。

再舉一個例子。假如你想知道你的未婚妻可曾對你不貞，你應該這麼問：「妳只有在我們『訂婚之前』，才和其他人交往，是嗎？」

同樣的，她覺得可以依照你的暗示來回答以安撫你，讓你放心。但即使她的回答是肯定的，她仍然可能在「訂婚之後」對你不忠。所以，如果你想要確定此事，可以集中火力再出擊，你可以過一段時間後這麼說：「我知道妳和其他男人交往過，但是我們結婚以後，我希望能夠信任妳。一旦我們結婚了，妳就不會再如此了，是吧？」

如果你尚未得到你所尋找的答案，繼續進行下一個步驟。

步驟二：反其道而行

對她說：「妳一定在開玩笑吧！」當你這麼說之後，會讓她完全手足無措，置身不知該如何回答的窘境中。

你對她的答覆顯然非常失望，這迫使她必須重新思考答案，並能自在地告訴你真相。這時，你應該對她說：「我倒希望妳曾和其他男人交往過，這表示妳已經玩夠了。請告訴我，妳確實曾和其他男人過從甚密，好讓我知道事情已經過去了。」

如果你還是沒有得到你所尋找的答案，繼續進行下一個步驟。

步驟三：否定對方的回答

此時，你要讓她知道你真的是看走眼、看錯人了。你可以說：「我一直以為妳是那種具有冒險精神、知道如何取樂、享受人生的人。」（這是一種反話）如果她想證明自己仍舊是你心中認定的那個人、你並沒有看走眼，唯一的方法就是認錯懺悔（為了證明她確實具有冒險精神、喜歡玩樂，她就會承認自己曾與其他男人交往取樂，而你也證實了你的疑慮）。

如果你仍然沒有找到答案，繼續進入階段三的終極攻勢（見101頁）。

進階策略C：善用時間移轉的錯覺

這個進階策略結合了數種心理原理，可以產生非常顯著的效果。我們將運用以下的例子加以解釋說明。

上班時間，你太太打電話告訴你十五歲的兒子把家裡的車子開去兜風，剛剛被警察帶了

回來。你聽了之後肯定非常生氣又心煩。接著我們再來看看，如果把相同事件、相同情境中的一個因素做了改變，情況又會如何。

在另一個不同的對話中，你的太太偶然提及，現年二十五歲的兒子曾在十年前做了偷偷開車去兜風的調皮事。這時，你的反應可能就輕微、溫和多了，為什麼？因為「時間」已經過去了。

我們再看看這個例子的另一面。如果那個兒子在十年前未經許可就使用父母的車子，那麼他可能不覺得現在向父母提起這件往事會有什麼問題，甚至還蠻好笑的，根本不用擔心會受到懲罰。然而，如果他是在昨天晚上未經許可就擅用父母的車子，那麼他是否仍能泰然自若地向父母坦白，就很令人懷疑了。

時間是一個強而有力的心理工具，它可以戲劇性地轉變我們的觀點。對時間造成影響的因素有二：事件何時發生，以及你何時知道事件的發生。當這兩個因素或其中一個因素是「過去式」時，事件本身就已不再「及時」，也大大降低了事件的重要性。

測謊現場模擬

情節A：妳懷疑另一半發生婚外情。

步驟一：設定場景

讓你們之間的對話不經意地轉換到「不忠」的話題上，接著妳蠻不在乎地開他搞外遇的玩笑。這個舉動一定會激得他問：「妳在說些什麼啊?!」

步驟二：假裝不在乎

看他一臉震驚、顯得很不安的樣子，於是妳說：「哦，我一直都知道這件事啊！你想知道我是怎麼發現的嗎？」

這麼一來，妳完全轉移了交談的重心。他覺得自己完全透明、被看穿了。現在，他會試圖找出其中原委，以滿足自己的好奇心。他會認為即使妳已經「知道」他外遇出軌，你們之間的關係還是挺美好的。

如果妳尚未得到妳所尋找的答案，繼續進行下一個步驟。

步驟三：引發對方錯誤的自我認知

如果他仍然矢口否認，那麼就告訴他：「我以為你早就知道我已經發現你有外遇了，只是為了保護我、怕我傷心。而且你也知道我瞭解那只是一場『意外』，我真的也不想談論這件事。」

這下子，他可能更想懺悔認錯了，因為這樣會使他真的覺得自己是個好男人；而且這些日子以來，他甚至不知道自己對妳做了這麼多好事呢！

情節B：你懷疑店內數名員工偷錢。

步驟一：設定場景

你和其中一名員工交談，偶然地把話題轉到最近店內財物短少的問題上。你可以說：「喔，我打從一開始就知道這件事了。」

步驟二：假裝不在乎

「你必須知道，我對此事瞭若指掌。你認為還有其他什麼原因，可以讓你僥倖這麼久？你可別以為我是白痴。」（這是一個很棒的說法，因為他可不想冒風險，為了其他的事又觸怒你。）

步驟三：引發對方錯誤的自我認知

「我知道你這麼做，只是因為害怕其他人會做出什麼事。真的沒事，我知道你不是那種人。」你瞧，這招多管用！認錯讓他覺得自己是個好人──老闆心目中所認為的那種人。

進階策略D：直接假設

我們都做過一些可恥、不名譽的事，而這個策略確實可以讓一個人大開心理閘門。在這個情境中，你占了優勢，因為你控制了整個對話的走向，所有的牌都掌握在你手上；對方則要弄清楚他做錯了什麼，以及該如何處理善後。

當你感覺事情不太對勁，但又不確定是哪裡不對勁，而且你也沒有任何證據證明自己的感覺是對的，那麼就可以運用這個策略。它會逼得對方說出他自認所犯下的不端行為，你將對於從他口中套出的坦白大感驚訝。

切記，堅持你的立場，直到他誠實招供為止。

步驟一：設定場景

首先，你要表現得有點冷漠孤高，好像有什麼大事讓你深受困擾似的。這個舉動會讓他急著想要解釋他所犯下的錯誤。

步驟二：透露你的情緒

接著你可以說：「我剛剛發現了一件事，我真的很痛心（震驚／驚訝）。我知道你一定又要騙我，而且矢口否認。我只是要讓你知道，我全都知道了。」

這麼說跟你說「不要騙我」不同，當你說「請不要騙我」，代表你不知道事實真相，會讓你處於弱勢。然而，「我知道你一定又要騙我」這句話卻能傳達出兩件事：他犯了錯；你知道他犯了什麼錯。現在到了這一步，問題僅僅在於他是否要全盤托出。你必須注意，你不是在要求任何事。

如果你尚未得到你所尋找的答案，繼續進行下一個步驟。

步驟三：堅持立場

你可以說：「我想我們都知道彼此有誤會和疑慮需要解釋清楚，你先說你的看法吧。」

如果你還是沒有得到你所尋找的答案，繼續進行下一個步驟。

步驟四：繼續堅守立場

重複說：「我相信你終究會說的。」或是：「等得越久，我就越生氣。」

如果你仍然沒有得到你所尋找的答案，繼續進行下一個步驟。

步驟五：運用社會壓力

現在，該是施加一些社會壓力的時候了，讓他知道你所堅持的看法是「事實」，而不是猜測。你可以說：「我們都在談論這件事，每一個人都知道了。」如此一來，他會開始好奇誰知道這件事，以及他們是怎麼發現的。一旦他試圖找出答案，你就知道他確實犯了過失。

如果你仍然沒有找到答案，繼續進入階段三的終極攻勢（見101頁）。

進階策略E：此地無銀三百兩

當你手中尚未握有對方欺騙你的證據，但你深信自己的假設正確無誤時，這招很有幫

助。舉例來說，文斯頓的家被闖空門，他相信闖空門的人應該就是最近才分手的前任女友，因為前任女友擁有他家的鑰匙，而且家中唯一失竊的物品是幾件妥善收藏、價值不菲的珠寶。但是管家或是才替家中做完一些工程的電工也可能涉嫌，更有可能只是一般的闖空門小偷，所以他沒有十足的把握犯人就是前女友。

這時，如果文斯頓打電話給前任女友，指控她偷竊，也無濟於事；她只會矢口否認，撇清一切，而文斯頓也落得無憑無據，無法使她坦白招認。於是，文斯頓決定依計行事。

步驟一：設定場景

文斯頓可以打電話給前任女友，用完全不帶指責的語氣告訴她自己家中遭劫，有幾件物品失竊了。前任女友試圖表現得很驚訝，問文斯頓到底發生了什麼事。他們之間一定會出現某種典型的對話，以下是簡短的例子：

文斯頓：「警方將要對每一個曾經進入我家的人進行問話，因為妳還有我家的鑰匙，所以警方也想要跟妳談一談。我相信那不過是例行的問話，妳當然不會涉嫌啦。」

前任女友：「但是我什麼也不知道啊。」

文斯頓：「我知道，我想那只不過是例行公事。反正，我的一個鄰居說，在案發當天，有一輛車停在我家附近，她已經記下那輛車的部分車牌號碼了。」

前任女友：「（停頓了很久）喔，我那天開車經過你家，想看你在不在家，結果你不在，我就離開了。」

到目前為止，文斯頓已經有效地讓她說出當天她曾到過自己家，這表示如果不是不尋常的巧合，就是她確實行竊。如果她清白無辜，根本沒有理由說出「喔，我那天開車經過你家……」這句話。接著，文斯頓繼續引出更多的證據。

文斯頓：「哦，真的？警方也已經做了指紋鑑定，應該可以查出什麼來吧。」

前任女友：「什麼鑑定？」

文斯頓：「哦，警方採集指紋……」

此時，文斯頓的前任女友說警方可能也會採集到她的指紋，因為她先前曾去過他家。直到現在，文斯頓已知道前任女友與竊案有所牽連。大約過了十分鐘之後，前任女友才完全解除心防，坦白招認——起先她只是到了文斯頓家中，然後才拿走了珠寶。

步驟二：不帶指責地告知

若無其事地告訴對方你所懷疑的情況。

步驟三：提出證據

當你試圖引出證據時，看看對方所做的解釋是否刻意在配合你所提出的說詞，以澄清他

自己可能會因這項證據所遭到的誤解。

舉例來說，你懷疑一位同事為了阻止你獲得升遷，而用碎紙機銷毀你的部分文件。你所要採取的步驟是讓他知道你找不到一些重要文件，然後，你可以說出類似以下的話：「幸好那天我的新秘書有注意到是誰站在碎紙機旁，她說她認得那個人的長相，但不知道他的名字。」

此時，看看他是否提出他可能被誤認為「真正的罪犯」的理由；他可能會告訴你那天他在碎紙機旁銷毀自己的一些文件。一個清白無辜的人不認為有必要對此加以解釋，來避免被錯誤指控的可能。

如果你尚未得到你所尋找的答案，繼續進行下一個步驟。

步驟四：繼續舉證

繼續運用可以使對方提出辯解的事實，一旦他開始解釋，你就知道你逮到他了。

如果你仍然沒有找到答案，繼續進入階段三的終極攻勢（見101頁）。

進階策略F：捏造罪行

指責對方、把所有可能犯下的過錯都歸咎於他。這個作法將使他坦白招認自己真正犯下的過錯，因為此時，與你所指控的所有罪行相比，他所做的實在不算什麼。

步驟一：把帳全算到他頭上

擺出忍無可忍、極為厭惡的態度，責怪他做盡了所有想像得到不誠實的事。

步驟二：導出你的疑慮

現在，指出一件你認為他確實犯下的錯事。為了澄清他與其他的指控無關，他將為自己真正犯下的錯事加以辯解。當然，對於其他指控，他也會宣稱自己完全清白無辜。

你可以這麼說：「我的意思是，如果你只是做了那件事（一件你認為他確實犯下的錯事），那還好。但是，如果你做了其他的事，那就不可原諒了。」

你可能會得到這樣的回答：「我之所偷了那個文件，是因為工作壓力，但我從來沒有出賣商業機密。」**面對你提出的所有指控，證明自己清白無辜的唯一方法，就是解釋他為什麼做了那件事——你心中真正懷疑他所犯下的那件錯事。**

如果你仍然沒有找到答案，繼續進入下一個步驟。

步驟三：步步進逼

步步進逼將使對方更加焦慮，令他感覺深陷重圍。如果你尚未得到你所尋找的答案，就回到步驟一，再逼問他一次。

如果你仍然沒有找到答案，繼續進入階段三的終極攻勢（見101頁）。

進階策略G：逼出事實

步驟一：提出假問題

在這個策略中，對方必須針對你的質疑提出「有內容」的答覆，而不僅僅是否認而已。例如，你想知道佯稱身體不適、待在家中的秘書昨晚是否外出。你可以這麼說：「我昨晚開車回家途中經過妳家，妳的車怎麼不在車道上？」

如果你只是問：「昨晚妳有沒有出門？」她可以說她沒有外出。但是，藉由一個貌似真實的問題，就逼著她非回答不可了。如果她真的外出，她將試圖解釋車子不在車道上的原因，這麼一來，就證明你所懷疑的事情屬實——她沒有生病，也沒有乖乖待在家中。

看出這個招式是如何奏效了嗎？如果她佯稱生病，所以必須留在家中，那麼她就必須解釋車子到哪兒去了。她可能會說是朋友把車子借走了，或是她開車出去買感冒藥了。但是如果她確實病了，在家休息，她就會說是你弄錯了，車子一直停在車道上啊！

步驟二：再次出擊

你想再給她一次機會，讓她全盤托出，或是對你提出的「事實」做出合理的解釋。你可以說：「欸，那可奇怪了，我昨晚打電話到妳家，結果是答錄機留言。」這時她可能會回答：「喔，我想休息一下，所以就把答錄機打開了。」切記，如果她自知有錯，她會用盡方法讓自

己的說詞符合你所說的「事實」，而這就表示她大概在說謊。雖然也有可能確實是她的朋友把車借走，或她確實打開了答錄機，然而這些「解釋」到了某種程度，就會開始顯得造作。

此外，由於她不斷地用新的謊言來圓先前所說的謊，因此你可以根據她的這些說詞，循線找出欺騙的徵兆。

如果你尚未得到你所尋找的答案，繼續進行下一個步驟。

步驟三：直視對方

目不轉睛地盯著她瞧，重複一遍你的問題。雖然盯視對方不太好，卻是一項令人心生畏懼的武器，它會隨著個別情況的差異，產生不同的結果。**盯視會使處於守勢的人感覺深陷重圍，瞪視的目光將使她感覺私人領域受到侵犯，引起所謂的心理幽閉恐懼症（mental claustrophobia）。若她想從中逃脫，說出真相是唯一的方法。**

如果你仍然沒有找到答案，繼續進入階段三的終極攻勢（見101頁）。

進階策略H：第三者的支援

這是較強力的進階策略之一。藉由第三者的合作與奧援，對方就不會懷疑你在使詭計，而能讓你獲得最高的可信度。

測謊現場模擬

情節：你懷疑一名員工找其他人代為打卡。

步驟一：直接指控

取得一位朋友或同事的協助，讓那位朋友或同事代你「發言」。例如，你說：「梅爾，我跟辛蒂聊天，結果她告訴我，你為了提早下班，叫其他人代為打卡。辛蒂對此事感到非常厭惡。」

此時，梅爾只會認為「辛蒂」反對他的所作所為。由於我們很少懷疑第三者的說詞，所以對梅爾來說，這也全然可信。

如果你尚未得到你所尋找的答案，繼續進行下一個步驟。

步驟二：轉移焦點

如果他仍舊不招認，那麼就轉換焦點，對他說：「你不是在開玩笑吧？這是大家都知道的事。但我想我知道你該如何安撫辛蒂，讓事情緩和下來。」看看梅爾是否上鉤。一個清白無辜的人不會為了一件他沒有做過的事而去安撫某人、緩和情勢。

如果你尚未得到你所尋找的答案，繼續進行下一個步驟。

步驟三：最後通牒

「好吧，但是你確定？」此時，任何的猶豫都可能是心虛的徵兆，因為梅爾必須很快地權衡自己的選擇。

如果你仍然沒有找到答案，繼續進入階段三的終極攻勢（見101頁）。

進階策略Ⅰ：引發連鎖反應

利用對方的欺騙行為，引發一連串的連鎖反應。換句話說，如果他想掌握眼前的新契機，唯一的方法就是承認先前的所作所為。

發動這個策略的基本情境是，假設對方做了壞事，但交談的時候卻完全不提這回事。無論何時，如果你想讓對方坦白認錯，最好別提及他的所作所為，否則他很可能會扯謊，或心生防衛；這兩種反應對你一點好處也沒有。不過，如果你們談話的焦點不是放在他所犯下的過錯上，那麼他就很有可能認為你手中已握有證據，而承認自己的過失。

測謊現場模擬

情節：你懷疑店內數名員工偷錢。

步驟一：設定場景

一對一地約談員工，讓他們知道你正在找人負責執行一項新計畫，以解決公司內部偷竊的問題。

步驟二：扭轉認知

你說：「我們正在找一個知道如何進行公司內部竊盜的人來執行計畫。

別擔心，你不會惹上麻煩的。事實上，我們知道這件事已經有一段時間了，我們反而對你有多大的本事比較感興趣。你的手法實在令人印象深刻，我們覺得既然你知道它如何進行，就知道該如何防範。我承認這種作法十分不尋常，但非常的情況要用非常的手段。」

現在，他將對自己先前所犯下的偷竊行為感到釋然，畢竟他的新職位甚至還全拜這些不端行徑所賜呢。這時如果否認偷竊，他將付出失去升遷的代價。如果你把整件事說得頭頭是道，令人信服，他甚至還會大肆吹噓自己的偷竊行徑呢。

如果你尚未得到你所尋找的答案，繼續進行下一個步驟。

步驟三：解除對方武裝

「你知道嗎，我跟他們說，你一定會因為太害怕，才不敢公開談論這件事（注意，『公開談論』這個字眼是解除對方武裝的妙方，它比『認錯』或『停止說謊』好太多了）。他們全錯了，我說的才對。」

這麼說很管用，因為他現在覺得不管你口中的「他們」是誰，都是和他站在同一陣線的。他會開始猶豫是否該讓他們對自己感到失望。觀察他是否猶豫不定，如果他確實偷竊，他將仔細考量選擇——這需要一點時間。但如果他沒有偷竊，根本就沒什麼要考量的。只有心虛、有過失的人，才會有「認錯」或「不認錯」的選擇。

如果你仍然沒有找到答案，繼續進入階段三的終極攻勢（見101頁）。

進階策略J：拼湊失落的情節

當你對發生的事略有所知、卻不瞭解全貌時，這招就派上用場了。你只要提供現有的訊息，他就會相信你所說的每一句話。這個招數可以與一個神奇的關鍵句一起使用，如果他上鉤了，就表示他做了錯事。

測謊現場模擬

情節：你認為你的岳母聘請私家偵探跟蹤你。

步驟一：列舉事實

告訴岳母一些真實的事件：「我知道妳不是非常喜歡我，而且妳也反對我和妳女兒結婚，但是這次妳實在做得太過分了。」

步驟二：陳述你的假設

「私家偵探那回事，我全都知道了。妳為什麼認為有這個必要？」

步驟三：神奇的關鍵句

「妳知道嗎，我太生氣了，我現在沒辦法談這件事。」

在你說了這個關鍵句之後，如果岳母噤聲不語，表示她可能真的請了私家偵探；如果她壓根不清楚你在說些什麼，可以肯定的是，她才不在乎你是否

因為太生氣而無法談這件事——因為你根本沒有理由生氣。

心虛有罪的人將應你之請，閉口不談，因為她可不希望你怒上加怒。清白無辜的人則會因為你的不實指控而惱火，並希望「立刻」針對此事加以討論。

如果你仍然沒有找到答案，繼續進入階段三的終極攻勢（見101頁）。

進階策略K：觀察他被告知後的反應

這個策略的關鍵是：不要指責，只要告知。你可以從對方的反應，知道他是清白無辜或內心有愧。

當一個人面對全新的訊息時，這個招數可以探究他／她的心緒。舉例來說，潘蜜拉固定做身體健康檢查，當她的醫師取得血液檢驗報告之後，打電話告知潘蜜拉她感染了痲疹病毒。潘蜜拉回想最近曾與她發生關係的性伴侶，她相信如果不是麥可，就是史帝芬把痲疹傳染給她。

如果潘蜜拉詢問這兩位「嫌疑犯」是否知道自己把痲疹傳染給她，恐怕是徒勞無功，兩人都可能矢口否認。幸運的是，潘蜜拉精通「測謊的藝術」，決定採行不同的策略。她打電話給麥可與史帝芬，若無其事地告訴他們她發現自己感染了痲疹。聽到這個消息之後，麥可與史帝芬的反應分別如下，而他們的反應，也讓潘蜜拉揪出了罪魁禍首。

麥可：「不關我的事唷，我可沒有傳染給妳！我沒病。」

史帝芬：「什麼！妳感染痲疹多久了？妳可能把它傳染給我了！真是不敢相信，妳確定嗎？」

哪一個人可能是罪魁禍首？如果你猜是麥可，那就對了。當他聽到之前的性伴侶罹患一種無可治癒、傳染性極高的疾病時，他立刻自我防衛——他認為自己被扣上傳染痲疹給潘蜜拉的罪名了。他不關心自己的健康，因為他早就知道自己感染了痲疹。相反的，史帝芬認為潘蜜拉來電是為了通知他自己可能把痲疹傳染給他，所以史帝芬非常憤怒，因為他關心自己的健康。而麥可只想讓潘蜜拉相信他不是罪魁禍首。

以下是另一個例子：假設妳在一家電腦商店的顧客服務部門工作，一名顧客把一台無法運作的印表機帶來換貨，並且聲稱他幾天前才買了這台印表機。他帶來了所有重要的收據，印表機也整齊地裝在原本的箱子裡。在檢查所有配備時，妳發現印表機中一個必要的、昂貴的、很容易拆卸下來的零件不見了，難怪印表機無法正常運作。在告知顧客妳的發現之後，妳可能得到兩種回應：

回應A：「我沒有動到零件！我買這台印表機的時候，它就是這個樣子了。」（自我防衛）

回應B：「什麼！你們賣給我一台少了一個零件的印表機？為了讓它運作，我可是白

白浪費了兩個小時！」（採取攻勢）

你看出這招多麼管用了嗎？做出第二種回應的顧客是絕對有權利氣惱的，他從來沒想到自己是在遭受指控。然而，若他做出第一種回應，就表示他根本沒有花時間試著讓印表機運作，因為他取出了那個零件，所以他不會因為買了一個「瑕疵品」而生氣。相反的，當你告訴他印表機少了某個零件時，他只會認為你是在指控他取走零件，而採取自我防衛的反應。

如果你仍然沒有找到答案，繼續進行階段三的終極攻勢（見101頁）。

抓住說謊的小辮子

- 犯錯、心虛的人厭惡沉默，面對你毫無回應，他會自顧自地繼續講下去，或出現轉變話題、發出不安的笑聲或緊張等舉動。
- 當他好奇你所說「大家都知道了」的「大家」指的是誰，你就可以知道他確實犯了過失。
- 她會刻意配合你所提出的說詞，以澄清自己可能會因這項證據所遭到的誤解。
- 為了澄清你加注在他身上的莫須有指控，他將為自己真正所犯下的錯事加以辯解。
- 如果你們談話的焦點不是放在他所犯下的過錯上，那麼他就很有可能認為你手中已握有證據，而承認自己的過失。
- 以自我防衛作為第一反應的人，你就該對他所說的話抱持保留態度了。

十一項終極攻勢，直搗謊言核心

以下十一項終極攻勢可以個別單獨使用，或是依序運用，直到你找到答案為止。這十一個策略就是為了使人坦白招供而專門設計的，然而，儘管這些攻勢可以依照任何次序發動，但是其中一些攻勢將會使得接續的攻勢發揮不了作用。因此，你必須先判斷哪些攻勢適用於你所面臨的特殊情況，然後再排出適當的運用順序。

當你發動這些終極攻勢時，要讓對方感受到你的熱切與真誠；當你的言辭流露出全然的坦率誠懇時，發揮出來的效力最大。所以，切勿犯下與前一章討論的欺騙線索所顯露的相同錯誤而自亂陣腳，那些欺騙線索也可以反向運作。如果你沒有犯下任何錯誤而露出馬腳，那麼你所談話的對象，無論是在意識或潛意識層面，都會認為你是坦率真誠的。

一定要讓對方相信你所說的都是真實不虛，如果你威脅要採取某些行動，那麼這個威脅

就必須是可信的，否則他不會上鉤。你可以運用以下的技巧，讓對方感受你的誠懇與坦率：

- **直視對方的雙眼。**
- **利用手勢來強調你所傳遞的訊息。**
- **運用流暢、與交談內容具有一致性的身體動作。**
- **站直或坐挺，不要沒精打采、低頭垂肩的樣子。**
- **不要以「說真的」或「我老實告訴你……」作為開場白。**
- **直挺挺地面對對方，不要退卻。**

提供認錯的甜蜜誘餌

「來福上場開跑了……」這是賽狗起跑時，最常聽到現場播音員所說的一句話。「來福」指的是一個填充玩具兔子，它被放在領先的賽狗前方，沿著跑道前進，是引誘所有賽狗持續向前加速飛奔的誘餌。說謊的人很像這些賽狗，他們需要誘餌來認錯招供。而且，如果這個誘餌是以具體的方式呈現，它就更具誘惑力了。

用來引誘對方招供的賄賂必須是立即的、明確的、特定的，並且能夠激起對方的胃口與興趣。你不能只告訴對方如果他說真話，就可以得到什麼；或繼續說謊，就會失去什麼。你必須「弄假成真」，真實到他可以感覺、品嚐、撫觸、聽聞，甚至親眼目睹。**把誘餌變得像**

真實存在的事物，讓他體驗說實話的全然愉悅，以及繼續說謊的痛楚。盡量運用各種感官，越多越好，特別是視覺、聽覺和肌覺（肌肉運動感覺）。製造影像讓他去看；製造聲響讓他去聽；製造他幾乎可以感受到的激動。你要讓這個體驗盡可能地真實。

這麼做的最佳辦法，就是先向對方傳達正面的訊息，再做負面的聲明，然後提供選擇。你要把這種意象與終極攻勢一起搭配使用。

舉例來說，假設你是一家公司的老闆，正在調查一位名叫比爾的員工是否侵吞公款，你可以如此對他說：「比爾，你必須把事情的來龍去脈原原本本地告訴我，然後把它拋諸腦後，當做過去就算了。我有很多大計畫要你執行，你知道那間地板鋪滿綠色大理石、有個鏡面吧台的辦公室嗎？再過不了多久，你就會坐在那張厚實的橡木桌後面辦公，經營屬於你自己的部門。當然，你也會有專屬助理，可能是辛蒂吧；而且，你也可以享用預先保留的專用停車位，並參加公司每個月在夏威夷渡假中心所舉行的經理人晚餐會報。」

你看到這番鮮活的描述是如何讓比爾沉浸在新職位的想像中了嗎？他的「理性升遷」已經轉化成為一種感性經驗。

現在，身為比爾老闆的你停頓了一下，嘆了口氣，接著用一種「最父母」的音調完成你的聲明：「如果我們無法解釋清楚那筆錢的去向，這所有的一切都不可能實現。盜用公款是一回事，因為我們都會犯錯，我犯過錯，你犯過錯，我們都犯過錯。但是，我無法容許一個

說謊的人在這裡工作。如果你要等到會計師告訴我究竟發生了什麼事，那就很難辦了，到時你鐵定要捲鋪蓋走人。不幸的是，你知道這種醜事會傳得多快，你要再找到另外一個工作可就非常困難了。當你每天腳步沉重、來回奔波、一家公司接著一家公司地尋找工作時，你肯定會吃閉門羹。我相信你可不想每天晚上面對老婆時，告訴她自己運氣背透了，找不到一個工作。所以，接下來要怎麼做？——你要綠色大理石地板的辦公室，以及光明的前景；或是顏面掃地，以及失去一切的痛苦？」

告知「事情的來龍去脈」，比要求對方認錯或說實話來得有效。要求對方說實話，等於是要求他不要說謊，如此很難讓他招供。說明事情的來龍去脈，不會造成你暗指對方說謊的印象，而是要他再進一步，完全誠實地把事情說出來，而不是只說一小部分。

保持一致性

你所傳達的訊息必須保持一致。記住，所有溝通都建立在兩個層面之上：語言的溝通以及非語言的溝通。例如，當你向對方下了最後通牒時，必須確定你的非語言溝通（身體動作、表情、手勢等）與你的說詞（語言溝通）保持一致。如果你只是坐在原處，告訴對方「我已經受夠了被這麼騙下去」，將不會造成多大的說服力。在這種情況下，你必須站起身來，朝門外走去。之後，你還是可以再回來進行另一個策略，但是，你當下的外在行為表現

必須一致地反映出你所要傳達訊息的強烈程度。

此外，當你說話的時候，經常叫喚對方的名字。當人們聽到自己的名字時，總是比較仔細聆聽，反應也比較順從。

終極攻勢A：大家都做過蠢事

這個策略之所以奏效，是因為它迫使說謊者陷入情緒性的思考，而非邏輯性的思考。這個策略讓說謊者認為並非只有他做這種事，因而減低心中的愧疚與罪惡感。而你所製造出來的一點憤怒或引人好奇的情境，也會讓他出乎意料而不知所措。此外，他會認為你們是在「交換情報」，而不是只有他付出，沒有得到任何回饋。

你可以說：「我之所以問你這些問題，是因為我以前也做過一些不名譽的事。我瞭解你為什麼會這麼做，就某方面來說，我感到如釋重負，因為現在我不再覺得自己很糟糕。」

此時，他會問你究竟做了什麼，但是你必須堅持要他先說出他的故事。堅持下去，他一定會全盤托出的。

終極攻勢B：將錯誤轉化為意外

這是一個絕佳的策略，它讓對方認為，讓你知道事情的經過無所謂，因為你不在乎他犯

了什麼錯。你把關注的焦點放在他做那件事的意圖，而非行為本身。對他來說，坦白承認自己的所作所為比較容易，因為他可以把它解釋為事出偶然，而並非故意。他覺得你在乎的是他的動機，換言之，你讓他明白，你所關心的並不是他做了什麼，而是為什麼做了那件事。

例如：「我瞭解你可能並非存心讓事情發生，只是事情失去了控制，而你想也沒想就做了。沒事的，我知道那是一個意外，對嗎？但如果你是故意的，我想我絕不會原諒你。請告訴我，你不是存心要那麼做。」

終極攻勢C：成為他的盟友

使用這個策略，等於是向對方丟出一個心理的曲球。你告訴對方，他做了一件好事，而非壞事；這會讓他感到出乎意料而手足無措。

測謊現場模擬

情節A：你懷疑公司員工理查偷竊，並想查出此事是否屬實；若真有此事，又已經發生多久了？

你可以說：「嗨，理查，我認為我們兩個合作，一定可以大撈一筆。你好

像有點撈過界，搶了我的油水。但是不要緊，我們可以一起合作，你這個老傢伙！」你要表現出很高興知道他在做什麼勾當的樣子。

情節B：你懷疑另一半有外遇。

你可以說：「約翰，你知道嗎，你背著我做了什麼事，我一點也不覺得怎麼樣（說這句話的目的是為了增加可信度；以一段誠懇的聲明作為開場白，讓接下來的說詞更加可信）。你早應該告訴我的，這樣就大可不必鬼鬼崇崇的。說不定我們三個人可以一起尋歡作樂，豈不更好？偷偷摸摸的，真是大傻瓜！」

哇！這令他太驚愕了。他的面前有一個誘餌，引誘他說實話比偷偷地搞七捻三更好。換句話說，約翰會認為只要全盤托出，他將有更多的樂子。如果約翰根本沒有出軌，那麼他會認為你瘋了，簡直有毛病。但是這麼一來，你也得到了真相。

情節C：你想知道面試者是否假造履歷。

你可以說：「你我都知道，每個人都會略微誇大自己的履歷。就我個人來說，我認為這種作法展現了膽識，表示那個人不畏懼擔負新的重責大任。你認為在你的履歷表上，最有『創意』的是哪一部分？」

終極攻勢D：不合作就一無所有

在這個策略中，你將迫使對手與你合作，否則兩人到最後都一無所有。這個策略與終極攻勢C「成為他的盟友」的策略正好相反，在這種情況下，除非對方乖乖合作，否則將落到什麼都沒有的下場。

反正你也一無所有（意指沒有掌握事實真相），因此對你來說，這是一筆好交易。以下的寓言即是一個很好的範例。

一個貪婪、惡毒的瓜農發現，有人每天晚上都從他的瓜田裡偷走一顆西瓜。他試盡所有可能的方法，仍舊沒有逮到偷瓜賊，令他既沮喪又惱火。

一天下午，他走進廣大的瓜田，把一劑致命的毒液注入其中一顆西瓜中。為了表現得不至於太過殘酷，瓜農立了一個告示，上面寫著：「敬告偷瓜賊：我已在其中一顆西瓜裡下了毒藥，偷竊等於玩命。」

隔天早上，他再到瓜田，當他正為了偷瓜賊已經罷手而得意時，他發現了一張字條，上面寫著：「親愛的瓜農：今晚我也在其中一顆西瓜裡下毒了。現在，如果我們彼此不配合，就等著讓所有的西瓜都發爛發臭吧。」

測謊現場模擬

情節：你懷疑你的管家偷竊。

你可以說：「我寧願先從你口中知道發生了什麼事。我可以容忍你的所作所為，但無法容許你說謊。如果你不告訴我事情經過，那一切就到此為止、玩完了。如果你告訴我實話，那麼既往不究，一切都可以回到從前。但是如果你不說，我們之間就沒有任何可能，而你也將一無所有。」

除非你的管家說明事情經過，否則你絕不能讓他從偷竊行為中獲得利益。現在，他唯一能把事情搞定的辦法就是配合一點，坦白認錯。

這個策略可以讓管家在比較不焦慮的情況下，坦白承認自己所犯的過錯。你要讓他知道，相較於說謊，他的所作所為都顯得微不足道。你可以告訴他：「你的所作所為是一回事，我們可以讓它過去就算了。但是，若你為了所犯的過錯而扯謊，我就無能為力了。實話實說吧！我們可以把這整件事一筆勾消、拋諸腦後。除非你全盤托出，否則你不可能繼續待在我家工作。」

終極攻勢E：要說就現在說

水管工人都知道，當屋主的地下室水滿為患的時候，就是議價的時機，因為當淹水的問題最緊急之際，就是屋主最極需水管工人的時候。飛機駕駛員工會可能在何時罷工？都是剛好在年節假日之前、一年中飛航業務最尖峰繁忙的那幾天。這個遊戲稱為「槓桿作用」。

「截止期限」造就了最後的「結果」。如果沒有所謂的截止日期，你想你會在多快的時間內完成所得稅申報？如果設定了截止期限，但是沒有所謂的逾時罰款，結果又會是如何？如果你的上司要求由你負責執行的方案成果報告，必須在你退休之前放到他的辦公桌上，那麼你會在多快的時間內完成它？如果減價優待券沒有截止日期，你會考慮使用它嗎？

在我們的生活中，「超過截止日期就罰款」這檔事，幾乎無所不在。

人們總是為稀有的物品訂上一個高價，只因為覺得稀有就是好。藉由告訴對方，現在是你「唯一」可以討論此事的時機，可以大大增加你的優勢。讓他知道：(1)這是他辯解的最後機會；(2)你可以向其他人取得你所需要的情報。同時，試著加快說話的速度。你說得越快，他越沒有時間思考；這也會讓他強烈感受到事情的急迫性。

如果對方不加以配合，就給他一個逾時受罰的截止期限，如此將迫使對方採取行動。如果犯錯的人認為自己隨時都可以招供，那麼在他決定招供之前，都會採取觀望的態度。你要讓他明白，你已經知道他的所作所為，而且手中握有證據。如果他現在就認罪，你將給他一個自我辯解的機會。

範例A：「我現在就要聽你說。打從明天起，不論你說什麼，對我來說都沒差了。」

範例B：「我知道你做了什麼事／發生了什麼事。我一直希望能先從你口中知道事情經過；先聽聽你這一方的說詞，對我來說意義重大。我明白每一件事都有兩面的說法，在我決

定怎麼做之前，我想先聽聽你的說詞。」

聽了這番話之後，他會覺得如果坦白認錯，自己仍有一線希望。畢竟，事實真相不會比你所耳聞的糟糕。目前對他來說，認錯是減低損失的一個方法。

終極攻勢F：幫他分擔責任

這個策略提供對方一個料想不到、突如其來的誘餌，引誘他說出實話。你告訴對方，他所做的是一件好事，而且這件事讓你們之間得以建立更良好的關係——不論是私人關係或工作關係。你給他一個機會，解釋何以做出那樣的決定；同時，你也責怪自己的不是。

你可以這麼說：「我瞭解你這麼做的原因。很顯然的，你肯定有一個很好的理由，否則你不會這麼做。你可能是因為受了不公平的待遇，或有什麼地方不周到。我要怎樣幫你，才不會讓舊事重演？」

這是一個假設性的問題：你假定你對於他之所以那麼做，下了一個正確的斷言。當他開始向你訴說心中的不滿與牢騷時，就等於是為他自己鋪路，好為先前所犯下的不端行徑辯護。

你要不斷地插話，對他說：「對於你的行為，我要負全部的責任。我完全瞭解你那麼做是對的。讓我們來看看如何才能避免重蹈覆轍。」

終極攻勢G：說謊不是最嚴重的後果

這是唯一使用「威脅恐嚇」的策略。其他的策略都會讓對方感到自在，而揭露真實的自我；這個策略則會增加緊張的情緒，讓對方有點坐立難安。你讓他察覺到，還有比他說謊更錯綜複雜、後果更嚴重的事，而這些事他連想都不曾想過。

在這個策略中，你必須提高賭注，但還要仰賴他的想像力，讓他想像你可能對他造成的傷害與損失。當恐懼在他的內心作祟時，他會開始猜測各種可能的情節。

你必須先為他製造一個更大的難題，然後再由你提供解決方案。騙子決定欺騙他人的基礎，是建立在一個他認為可以從中獲益的「得失比」。讓他明白說謊的後果比他想像的嚴重，將對你比較有利。

範例A：「我一點也不想這麼做，但你讓我別無選擇。」

這句話將迫使他說出「你要做什麼？」的回應，此時，他正在觀望你們之間會出現何種交易。你不要採取任何行動，除非他認錯，否則儘管讓他揣想各種你可能採取行動的情節。

範例B：「你知道我會做出什麼事，我也一定會去做。如果你現在不說，那就甭說了，我就去做我必須做的事。」

說完這番話之後，密切注意他的反應。如果他把關注的焦點集中在你將對他採取何種行動，就表示他很有可能犯了過失。

不過，如果他再次聲明自己什麼也沒做，那麼他可能真的是無辜的。之所以有此差別，是因為內心有愧的人需要知道「罰責」是什麼之後，再決定是否鬆口。只有犯了過失的人，才有認錯或不認錯的抉擇，只有他們才必須做出決定。清白無辜的人則沒有什麼決定可做，所以也沒有什麼需要考量的。

終極攻勢H：訴諸他的自尊心

絕對不可低估「自尊心」所能發揮的力量，有時候，你要為自尊心打氣；有時候，你則要打擊自尊，而這個策略就是要針對自尊心展開攻擊。

有些人的自尊是如此地脆弱，實在令人感到悲哀。但是正因為如此，這個策略用在這些人身上才管用，因為它真的可以把他們惹得惱火。我一位擔任警探的朋友愛死了這個技巧，以下是他運用這個策略的例子：

「我們逮捕了一個痛毆兩名流浪漢的男子，我們拿他沒輒，問不出什麼結果來。過了一個半小時之後，我們想，應該讓他走人了。我們沒有事實理由可以拘留他，因為其中一名流浪漢已不知去向，另一名則嚇得什麼也不敢說。於是我看著那個驢蛋，對他說：『哦，我知道了。你害怕尼可（一名毒品走私者，驢蛋曾和他一起混過）會把你打得屁滾尿流，是不是？你不能上法庭打官司，是因為尼可擁有你，你只不過是他的一個小奴隸。』那名嫌犯聽

完後厲聲咒罵，大聲嚷著：『沒有人可以擁有我！』他變得憤慨激昂，為了證明他不屬於任何人，他做了他必須做的事：抬頭挺胸地認罪。」

範例Ａ：「我想我知道是怎麼一回事了。你不能自己作主告訴我，因為某人在背後控制你，你一說，麻煩就大了。」

範例Ｂ：「我想我知道是怎麼一回事了。如果你可以，就會告訴我實話。但是你沒有權力那麼做，你什麼都不能說，心裡可能跟我一樣很不舒服吧。」

終極攻勢Ⅰ：和他站在同一邊

如果你所面臨的情況恰好適當，這個策略將特別管用。我的一位朋友在一家規模極大的金融公司人力資源部門任職，她就非常喜愛這個策略，她說這是她過濾令人生厭的求職者的最大法寶。

只要對方相信你與他站在同一陣線，他就會上鉤。你要讓他知道，不管他之前扯了什麼謊，現在都可以一筆勾消；如果等到以後被其他人發現他的所作所為，那就為時已晚了。

測謊現場模擬

情節Ａ：你認為應徵者在履歷表上作假。

範例：「我想好好地幫你一把，因為我認為你一定可以勝任這個工作。他們想要核對查證履歷表上所載明的一切是否屬實，即使是最微不足道的誇大，都會使你遭到不予錄用的命運。所以，現在讓我們一起收拾這件事吧！在你的履歷表上，有什麼特別需要修正、好讓所有內容都正確無誤的嗎？」

情節Ｂ：你想知道當你外出時，秘書是否提早下班。

範例：「副總裁向我問起妳的辦公時間，我告訴他，如果妳早到辦公室，那天就會提早下班。妳記不記得上個月有哪幾天，妳較早完成工作，提前下班？」

你看見這個策略是如何消除對方的敵意了嗎？你沒有對秘書大聲嚷嚷，也沒有對她進行查問盤詰。你和秘書連氣同枝，你是想幫她一把，一起面對副總裁。另外，「較早完成工作」暗示秘書完成所有份內的工作，而且非常明快、有效率。和她站在同一邊，而且要同心協力掩飾緩和此事。

終極攻勢Ｊ：未知的罰責

對多數人而言，想光憑事物或概念本身去加以理解，幾乎是不可能的事。也就是說，當

一個全新的情況發生時，我們會本能地把它與我們所熟悉的事物做比較對照。如果這個全新的情況根本無從歸類，那麼這個經驗可就非常駭人了。

你想要知道事實真相，而且說謊的罰責一清二楚，對方也知道認錯的好處與壞處，可以從中做一權衡與抉擇。但如果說謊的罰責不夠嚴厲，理所當然的，想要獲得真相就困難重重了。在這種情況下，**你必須把「已知」的罰責去掉，改用令他坐立難安的「未知」罰責。**

你必須向他解釋，欺騙的後果絕不是他所能料想的，藉以獲得最大的優勢。即使他相信你能對他採取的行動，以及處分的罰責都相當有限，但是罰責的嚴厲程度可以用兩個主要方法加以巧妙處理，讓它顯得嚴厲許多。這兩個巧妙的因素分別是：**時間與衝擊力。**

- **時間：**不要讓對方知道何時將施予罰責，如此一來，當事情出乎意料地發生時，造成對方苦惱、痛苦的程度將更強、更大。如果他知道無法做任何心理準備以保衛自己，心中的焦慮將會大大提升。
- **衝擊力：**讓他知道，他的一生將變得一團混亂，就這麼毀了。他必須理解到，這個事件並非單一孤立、毫無牽連的，相反的，它將引起一連串的效應。當不好的事情發生了，我們通常都會因為知道事情很快就會煙消雲散，往後的生活仍將維持原狀、不受影響，而感到放心。但是，如果這些不好的事情是不確定的，我們心中的恐懼與不安就會增加。

測謊現場模擬

情節：你懷疑一個名叫史密斯的員工偷竊。

你可以威脅要開除他，但是他也可能在權衡輕重之後，決定三緘其口，打死也不說出真相。不過，如果你說：

「如果你讓我發現你在說謊，我會叫人把你桌上的東西收拾乾淨，再要警衛把你『請』出去，連再見都甭說了；我會當眾把你攆出去。再說，這個圈子很小，你想帶著一身不乾不淨去找工作，你也就全完了。」

說完之後，你要求他立刻全盤托出，並給他一個轉調部門的選擇，此事即可告一段落，不再提起。最後這一句話稱之為「簡易解決條款」，將在第六章有更多的討論。

終極攻勢K：假裝不在乎

人類天性的基本法則之一，就是每個人都有「覺得自己很重要」的需求。沒有人希望自己被認為是無足輕重的角色，或覺得自己的想法與意見無關緊要。當一個人所珍視的看法被忽略時，他就會做任何事來主張自己的重要性。如果他覺得你一點也不在乎他說謊，他就會想知道——如果他「需要」知道，則更好——你何以如此漫不經心、不為所動。你早就料到他會這麼做嗎？還是你知道他所不知道的一些事？你對他的意見，以及他對你的感受，一點

也不感興趣嗎？你計劃懲罰或報復嗎？

當你內心情感顯露於外時，就表示你在乎，相反的，你面對整個情況所表現出來的漠不關心，將使他非常焦躁、氣餒。他開始渴望獲得任何形式的認可與接受，他需要知道你在乎發生了什麼事。如果說出自己所犯下的不良行徑，是查出你是否在乎的唯一方法，他也會照做。你可以將以下的說詞作為範例。

範例Ａ：「我知道，我就是不在乎。我不吃這一套。」

範例Ｂ：「我還有其他的事要傷腦筋，或許我們可以改天再談。」

範例Ｃ：「你做你該做的，我都沒關係。」

當你忽視對方的時候，通常不會做眼神的接觸。但是在這種情況下，為了製造立即的衝擊，最好直視對方；如果你盯著他瞧，效果就更強大了。在美國文化中，盯視通常有貶低對方的意味，因為一般我們只會盯視著展示的物品，例如籠中的動物。而當我們盯視對方，通常會讓他覺得自己被看輕了，並試圖伸張自己的價值。

以上這些策略應該都能發揮效用，但是，如果你仍然沒有得到所希望的答案，那麼就該試試第五章所提供的高階技巧。切記，在使用任何一個高階技巧之前，必須先詳細閱讀本章的內容。

抓住説謊的小辮子

- 當他知道你跟他一樣都做過傻事、曾經犯錯，便會毫無罪惡感地誤以為坦承自己的過錯不過是「交換情報」罷了。
- 他不介意承認自己所做的事只是「意外」，而非「犯錯」。但你知道那絕不會是意外。
- 如果知道有比説謊下場更嚴重的後果，他會勉為其難地坦白自己所犯的過錯。
- 他開始向你訴説心中的不滿與牢騷，事先替自己鋪路，好為先前所犯下的不端行徑辯護。
- 只要他相信你和他站在同一陣線，他就會上鉤，坦承一切。
- 面對未知的罰責，他會明顯表現出焦慮不安、恐懼的神情。

PART 3

冷靜旁敲側擊

在彬彬有禮、客套的交談之中，真相是第一個被剔除的事物。

——大衛・李柏曼

當你不太確定對方是否有所欺瞞，但又無法大剌剌地直接質問對方時，該怎麼辦？本章將提供一些絕佳、又不至於明目張膽的方法，讓你蒐集更多的訊息。

一般對話的試探技巧

從無關緊要的小事問起

在交談之中，針對你的疑點，向對方提出明確、一般性的問題。此舉將使對方回想事情的經過，如果他迅速、毫不費力地做出回應，表示他說的是實話；如果他說謊，那麼你所使用的測謊線索就會告訴你答案。

最重要的是，注意他花了多少時間才做出回應。**說謊的人會先在心裡把答案檢查一遍，確定合情合理之後，才做出回應，因此需要一段時間。而且，由於編造出來的故事情節「從來沒有真正發生過」，所以它們也缺乏細部敘述。**

問一些可以讓你獲得客觀、而非主觀答案的問題。舉例來說，如果你認為一名員工佯稱

去渡假，實際上卻窩在家中，那麼可別問他「佛羅里達州的天氣怎麼樣？」、「玩得開心嗎？」之類的問題。因為一般人對於這種類型的問題，都需要較長的時間來回應。

相反的，你應該問「你有沒有租車？」之類的問題，而且要若無其事地多問幾個相同調性的問題。一旦他對其中任何一個問題做了肯定的答覆，就再繼續追問細節。如果他扯謊，他就會為了試圖要把故事情節安排得合情合理，而需要更多時間做進一步的回答。

人們總是喜愛談論自己，他們之所以想要轉變話題，只有一種情況，那就是對於你所提出的問題感到不安。如果你只是問一些單純無害的問題，那麼你應該期待對方延續話題，而非結束交談。

除非他們說謊，否則大多數人都會興致勃勃、滔滔不絕地談論他們去了一家新餐廳、到了哪個地方玩，或是回絕了一個工作機會等等。

加入一件捏造的「事實」

你可以加入一個「事實」，並要求對方針對此一事實發表意見。這個「事實」是你編造出來的，聽起來卻徹頭徹尾地合情合理。

舉例來說，你參加一個宴會，一位男士宣稱他剛結束一趟東非狩獵之旅。此時，你可能對他說：「聽說東非才剛出現破紀錄的高溫。」無論他是否真的前往東非旅行，他都可以針

對此一「事實」加以證實或否認。

然而，他也可能不管三七二十一地就回答：「東非真的很熱很熱。」這麼一來，你將無法得知他是否說謊。那麼，你要如何才能測謊呢？你可以對他說：「我的一個叔叔在肯亞的奈洛比機場擔任海關人員。他說每一個進入非洲的旅客，都要接受如何避免感染瘧疾的特殊宣導教育。」一旦他附和你的說詞，以支持自己確實去過非洲的「事實」，你就知道他的東非之旅是假的了。如果他確實去了東非，他就會說並不知道你叔叔說的是怎麼一回事。

以下是運用這個策略時應該注意的準則：

- **妳的說詞必須是虛構的。**如果他僅僅是針對原本就真實不虛的事物加以證實肯定，妳將一無所獲。
- **妳的說詞聽起來必須合情合理，否則對方會認為妳在說玩笑話。**
- **妳的說詞必須能夠對他造成直接的影響，因此，他從妳口中聽到的「事實」，必須是第一手訊息。**換句話說，妳可不能告訴他「我『聽說』，我們之所以能夠欣賞到特殊的夜空景色，是因為地軸角度傾斜的關係。」這類「非第一手」的訊息。

要求支持事實的證據

妳可以用一種不構成威脅的方式，要求對方提出證明，證實他的說詞不假。舉例來說，

那位男士宣稱他參加了一趟東非狩獵之旅，這時，妳可以表示自己非常樂意欣賞他在旅途中所拍攝的照片。如果他提出一個理由，解釋他為什麼無法應妳之請——我沒有拍照、拍出來的效果不好、拍照的時候忘了把鏡頭蓋拿下來等，那可就啟人疑竇了。

或者，假設妳是一個脫口秀節目的製作人，妳想要查證一位來賓的可信度，妳可以說：「你所敘述關於政府的種種陰謀，真是精采絕倫。既然你在政府部門中工作，如果你能讓我們看看你的識別保全卡，那就太棒了。」

繼續延伸事實

這條線索可以用來判斷對方願意做到什麼程度，以獲得她想要的事物。你所需要做的，就是詳細延伸她先前陳述的「事實」。如果她沒有糾正你的說詞，就表示她可能說謊，或是為了讓你注意到她的意圖而甘願說謊。

舉例來說，你和一位朋友正在討論要去看哪一部電影。你提議去看《失樂園》，但是你的朋友並不想看這部片子，於是她說：「我『一個』同事看過這部電影，她不喜歡。」此時，你可以針對她的陳述加以「詳細延伸」：「喔，如果你的同事之中『沒有一個人』喜歡這部電影，我想它大概真的是一部爛片吧。」

如果她隨你這麼說，未糾正你的錯誤——只有一個同事不喜歡，而非所有的同事，那麼

你的朋友不是一開始就編了一個「同事不喜歡」的謊，不然就是會繼續針對妳的「錯誤說詞」扯謊。

另一個例子是，妳的秘書覺得身體不適，要求提早請假回家。妳可以說：「喔，好啊，如果妳發燒、頭疼得厲害，那就請假回家吧。」妳的秘書從來沒有說明她有哪些症狀，妳只不過是延伸她的說詞。如果她沒有糾正妳的說詞，那麼很顯然的，她不是假裝生病，就是甘願接受任何事來達到回家的目的。

當然，她也很可能只是生病，急著想回家。不過，她沒有糾正妳的說詞，即表示她為了達到目的，即使被認為虛假欺瞞也不介意。

抓住說謊的小辮子

- 說謊的人會先在心裡把答案檢查一遍，確定合情合理後，才做出回應，因此需要較長時間。
- 編造出來的故事情節「從來沒有真正地發生過」，所以會缺乏細部敘述。
- 面對單純的話題，他卻急著想要轉移焦點、避開不談，唯一的理由是他根本就是在說謊。
- 為了證明自己所言屬實，他或許會盲目地附和你編造出來的「事實」。
- 當被要求提出證據，他只會搬出一大堆看似合理的說法來解釋自己為什麼提不出證明，而其實這一切都是為了掩飾謊言。

特殊情境的個別策略

當對方為了其他人著想，而不願意透露任何訊息；或是妳所面臨的情況必須小心翼翼地處理時，就可以運用以下的策略。由於這些範例中的各主角心理狀態都不相同，因此必須一一個別看待，通常分為以下十種類別。

第一類：保護第三者

這個策略有一點不同，如果對方因為事情牽涉到另一個人，而不願意透露實情，你必須從他的自尊心下手，讓他不覺得自己是在打小報告。

測謊現場模擬

情節A：妳的律師提及他的同事把一個案子搞砸了。

如果妳問：「他哪裡出了差錯？」恐怕將一無所獲，但是，把問題轉個彎，製造一個誘餌，就可以讓妳的律師鬆口。

你可以說：「如果是你處理這個案子，你的方法會有什麼不同？」這個神奇的句子可以輕易地打開他的話匣子。

情節B：你和手下一名業務員布萊德閒聊，你想從他口中查出另一名業務員蘇珊銷售成績低落的原因。

如果你問布萊德為什麼蘇珊表現不好，可能徒勞無功；出於對同事蘇珊忠誠的緣故，布萊德可能不願意發表任何意見。如果你把問題轉個彎，布萊德就會樂意提供他的看法了。

你可以說：「你認為蘇珊在哪些方面可以再改進？」

在情節A、B之中，交談的內容是正面積極的，對方覺得回答你的問題是在做一件好事；事實的確如此。如果你用另一個方式來問，對方可能打死也不肯透露半句。

第二類：強勢的態度

有時候人們拒絕吐露真相，是因為他們居於強勢地位。在這種情況下，爭辯、追根究柢通常都不恰當，而且也無法產生作用。因此，你必須把交談的內容帶到私人層面。以下介紹兩個範例。

測謊現場模擬

情節A：你試圖做成買賣，但是買主不想購買，又沒有說出一個令你信服的理由。你希望聽到買主不想購買的真正理由。

你可以說：「我就是靠這個買賣過活，我一家子全靠我養家餬口。很明顯的，我們的產品精美，而你也是個通情達理的人。你是否可以告訴我，我哪裡冒犯了你？」

你的買主冷不防地聽了這番話之後，一定會說：「喔，你誤會了，你沒有冒犯我，只不過是……」

「冒犯」是一個很重的字眼，買主為了證明你並未冒犯他，唯一的方法就是說出不願意購買產品的真正理由。

情節B：你的上司史密斯先生不願透露你未獲升遷的真正原因。

你可以說：「史密斯先生，我知道你是怎麼一路奮鬥過來的，我也尊重你的想法。我希望有朝一日，我在這間公司的表現也能像你今天一樣成功。我可不可以請教你一個問題？如果你坐在我現在的職位，並且深知自己的短處，那麼獲得升遷的機會是否較大？」

第三類：不想傷感情

在這種情況下，對方會為了避免傷了你的心而說謊——或許是一個小小的、善意的謊言。這時，只要運用一點點罪惡感，將能使對方重新評估他的態度與作法。

測謊現場模擬

情節：你覺得對方為了你好而隱瞞真相。

範例A：「我知道你不想傷害我的感情，但是你不願對我『完完全全地』坦承，反而傷我更深。」

使用「完完全全地」這個字眼來達到目的，它將使對方認為自己只對你

「部分」誠實，而非全然地誠實，因此產生罪惡感。

範例B：「如果你不告訴我真相，也沒有其他人會告訴我。如果我不能指望你幫這個忙，我不知道自己還能怎麼辦。」

第四類：隱瞞真實情感

我們很難查出他人的意見是否有所欺瞞；你不能指稱某人是騙子，說她連自己也無法相信自己說的是真話。以下所介紹的方法，可以在任何情況下揭露一個人內心的真實情感。

測謊現場模擬

情節A：即使上司已表明喜歡你的廣告創意，但你並不確定她是否真的喜歡。

範例：「妳喜歡我的廣告新點子所呈現的概念嗎？」

「當然啦，它非常有創意。」

「嗯，那要怎麼做，才能讓妳『愛上』這個點子？」

在這範例之中，你的上司已經表明喜歡你的創意。你沒有與她爭辯，或是一直逼問她真正的觀感。在你的回應中所使用的字眼，暗示你的上司：你

明白這個廣告概念還有改進的空間；而你的上司也會很自在地提出批評與意見，因為從你的回應中，她覺得你正在期待她給予建言。

情節B：你想知道你的兒子是否期待去露營。

範例：「我們下個月要去露營了，你興不興奮？」

「是啊，一定會很好玩的。」

「要怎麼樣，你才會對這次的露營真正感到興奮？」

同樣的，你提出的問題很明顯地表示，你知道這次的露營安排並非十全十美，也讓你兒子覺得自在，可以誠實地說出心中的想法。

第五類：不置可否

大部分的人都不喜歡自己是錯的，也不喜歡面臨某種情況，而覺得自己必須採取防衛的行動。如此所造成的結果是，當我們問對方「妳在想什麼？」或「妳覺得怎麼樣？」時，他的回答往往是「我不知道」。這種回應會讓交談陷入膠著，留下你獨自尋找問題的答案。

有時候，乾脆說「我不知道」，會比說其他的話容易，這通常也是我們隨口就說「我不知道」的原因。無論如何，當你聽到對方說「我不知道」時，不妨試著做出以下的回應：

- **「好吧，那妳告訴我，妳為什麼會這麼想？」**

- **「我知道妳不知道，但是如果用猜的，妳認為是怎麼樣？」**
- **「妳可不可以告訴我，妳覺得哪一部分是沒問題的？」**
- **「在過去妳所經歷的情況中，妳覺得哪一個跟妳現在所面臨的相似？」**
- **「什麼樣的情緒最能貼切形容妳現在的想法？」**
- **「妳可不可以就想出一個理由呢？」**
- **「什麼字眼最能形容妳現在的想法？」**

以上七種回應，都可以用來解除存在於你們之間的壓力。你知道對方難以回答你所提出的問題，所以你運用以上七種方法，要求對方做出其他回應。事實上，對方針對你提出的「新」問題所做的回應，正是你原先所提出的問題的答案。

「我不知道」也可能表示對方內心有愧，或是對自己的行為感到愚蠢。在這種情況下，你就必須解除她心中的負擔。你可以說類似以下的句子：**「我知道妳自己也不確定為什麼做了那件事，那麼，妳可不可以想出一個促使妳那麼做的潛意識動機？」**這麼說會讓她覺得不必為自己的行為負責、她的所作所為並非出自有意識的動機。

第六類：只是尷尬

在這種情況下，對方並不願意對你說出真相。此時，平常使用的策略無法奏效，因為他

可能不覺得有義務要告訴你，而且很可能他說出實話也得不到好處。所以，你必須在一個可以讓他感到自在的環境中，製造一個誘餌，引誘他說出真相。

測謊現場模擬

情節A：你兒子不想談那個搶了他午餐錢的惡霸。

範例：「如果你不想談這件事也沒有關係（這是一個關鍵的句子，它立即卸除了對方的武裝，讓他知道即使他不願意談，也不會遭到言語的責備）。我在你這個年紀的時候，也碰過同樣的事。而且，在我學會該怎麼應付那個惡霸之後，他就再也沒來煩過我了。你想不想聽聽看你可以怎麼做？」

情節B：你是一個醫師，你的病人不願意談論之前的性關係。

範例：「我瞭解妳心中的猶豫，如果妳寧願不去談論它，那我們就不談。接下來，我要問妳一些是或否、有或沒有的問題，妳只要照著回答就好。每當我的病人感到不自在的時候，我都會用這種方法，它容易、也快多了。」

情節C：你想要查出建設工程部的麥克是否打算離職。

範例：「麥克，在一個分為一到十個等級的量尺上，『一』代表你曾經想過要找另外一個工作，『十』代表你投效另一家公司的意願非常高。你想你可能適合哪一個等級？」

在這個範例中，有三個重要的準則必須謹記在心：第一，不要說「你可能落在哪一個等級？」因為「落」這個字眼具有下降與負面的含意，它會使麥可的焦點集中在數字較小的等級上。「適合」則具有正面的意義，可以使麥可的思惟集中在這兩個數字之間。第二，「可能」這個字眼可以作為一個緩衝，讓他不要太執著於某個答案。

最後一點是，在一到十的量尺上，不要說「一」代表沒有意願。你必須提供「最輕鬆容易的選擇」讓他回答。事實上，如果他根本沒有跳槽的意願，就不會管量尺不量尺的問題，而會毫不猶豫地告訴你他沒有換東家的意願。

情節D：你認為新進的實習醫生尼爾森把兩大疊文件弄混了，結果應該拿去拷貝的文件也一起進了碎紙機。

範例：「尼爾森，如果是你把文件弄混、送進碎紙機，那不要緊。我告訴你一個祕密，我記得我剛開始在這裡實習的時候，有一次本來要影印午餐的菜單，結果卻把機密備忘錄拿去拷貝，還在每個人的信箱裡都放了一份。」

如果你要對方信任你、向你吐露祕密，最好的方法就是先分享你的祕密，這個方法能立刻讓對方感到安心自在。先分享你的祕密，代表你信任對方，而對方也會覺得有義務分享他曾經做過、令他感到不安的事。

第七類：缺乏責任感

在這種情況下，你可以從兩個人或更多人身上取得真相。大多數人常犯的錯誤就是大聲嚷嚷著：「嘿！你們誰告訴我發生了什麼事啊！」這時我們會發現自己到處找人幫忙，結果卻找不到一個人願意幫忙。

「請求拜託」通常發揮不了作用，這是因為一種名為「社會責任」的心理現象所造成的。

你可曾聽到某個人對著公寓的窗戶尖叫求援？大多數人都碰過這種情況，而我們之所以沒有任何想要採取行動的強烈感受，並不是因為我們冷血、漠不關心，而是社會責任被分散了。每個人都認為如果發生了緊急事件，一定有人已經通知警察了。

我們或許也碰過這種情況：在熙來攘往的街道上，有人心臟病發，卻沒有人停下來幫忙。沒有人採取行動，是因為大家都認為會有其他人伸出援手；或者認為既然沒有人採取行動，就表示那個心臟病發的人應該不要緊。

當責任被分散時，促使人們採取行動的動力也就跟著消失了。如果你想要得到答案，或是希望某人做點事，就必須增加他的責任感。

你最好每次只對一個人進行這樣的策略，如果從第一個人身上得不到任何答案，再從下一個人身上著手。

測謊現場模擬

情節：幾個參加婦女聯誼會的姊妹惡作劇，妳想查出是誰搞的鬼。

範例A：「艾倫，我找妳只有一個原因，我知道我可以信任妳，妳會告訴我實話。妳也可以像我信任妳一樣地信任我。妳不像她們，我知道我可以指望妳做出正確的事。」

如果妳從艾倫身上查不出任何頭緒，那麼再找另一個姊妹，對她說同樣的話，最後一定會有人說出來的。

範例B：「珍妮佛，是誰惡作劇並不重要，我甚至一點也不在乎。我在乎的是我們之間的友誼，我希望我知道自己可以信任妳。我認為我可以，但是我需要妳對我說實話。我並不在意是誰搞的惡作劇，我只在乎妳對我誠實。」

如果妳從珍妮佛身上查不出所以然，再找另一個姊妹，對她說同樣的話。

第八類：仗勢專家的身分

從律師、鉛管工，到機械工、教員，我們都信賴專業人員的誠實公正。大部分的專業人員確實如此，但有少數則不然。由於你沒有特殊的知識與專長，讓你提出正確適當的問題，

所以你面對的情況可能會很棘手。很不幸的是，那些毫無名聲可供評估的專業人士都知道這一點。然而，前述的測謊線索可以讓你知道自己所應付的是哪一種人，而運用以下的策略來處理這些棘手的情況，一定可以奏效。

- **切記要詢問第二個人的意見，這很容易，而且可以有效避免大呼心痛的情況發生。**
- **確定對方領有執照、已投保，且經過註冊執業。**
- **把你們的協議白紙黑字地記錄下來；口頭的契約比不上書面契約。**
- **要求他人的推薦認證。**

如果他對以上四點中的任何一點表現出猶豫不決，你就要考慮換人了。當你在暗處的時候，那些花言巧語的騙子最容易得逞。最後，以下的策略應該可以讓你正確地洞悉對方的意圖。這個策略的關鍵是，不要告訴他你真正想要的是什麼，而是要說反話。

測謊現場模擬

情節A：旅行社的珊蒂建議你搭乘客輪做為期五天的套裝旅遊。你希望在旅途中恣意狂歡，盡情享樂，但是你不確定珊蒂是否只為了抽成才極力推銷這個套裝行程，或者她真的認為那是一個很棒、很划算的行程。

範例：「珊蒂，這個旅遊行程看起來很棒。我只是想確定它不是每晚都有狂歡派對、笙歌樂舞的客輪。我想要好好地休息、放鬆（反話），這是那種可以讓我放鬆的行程嗎？」

藉由這個問題，你可以知道珊蒂的意圖，以及問題的答案。如果她回答「是」，表示這項行程並不是你想要恣意狂歡的航遊類型，不然就是她為了做成生意而說謊。這時候無論如何，你都不會向她購買這套行程。珊蒂唯有告訴你她認為你不想聽到的答案——它是一艘派對客輪，才表示她是誠實的，而你也可以確定它就是你想要參加的航遊行程。

情節B：你要求服務生給你一杯不含咖啡因的咖啡。五分鐘之後，他端來一杯咖啡。

範例：「這是一般的咖啡，對吧？」

如果他回答「是」，表示他不夠細心，未確定它是一般咖啡或不含咖啡因的咖啡，或者它真的就是一般的咖啡。同樣的，現在你知道自己拿到的咖啡可能不是未含咖啡因的咖啡。但是，如果他說那是一杯不含咖啡因的咖啡——一種他認為你不要的咖啡（因為你問：「這是一般的咖啡，對吧？」所以他認為你要的是一般咖啡），那麼你可以十分確定，他端來的正是你原先所點的咖啡。

第九類：漠不關心

沒有什麼比應付一個什麼都不在乎的人更令人沮喪挫折的了，為什麼呢？因為你手中沒有足夠的籌碼可以運用，也沒有任何優勢；對方沒有遭遇任何風險，所以你討價還價的空間很小。這時你必須改變其中的均勢，讓他感到情況危急，而最終的技巧就是打破對方的漠不關心。

測謊現場模擬

情節A：你把車子送修，機械工喬伊告訴你星期五（明天）之前就可以修好。但你就是知道，中間一定會發生某些狀況，而整個週末，你的車子都會被擱在他的車庫裡。

範例：「好吧，喬伊，明天可以。你知道的，我太太懷孕了，她隨時都會生。我們只有這輛車，如果有任何原因，可能沒辦法在星期五之前修好，你一定要讓我知道。」

情節B：你問服務生艾伯特，生菜沙拉裡是否有放味精（有些人對味精有過敏反應）。他說沒有，但不是十分地令人信服，因此你想要確定是否屬實。

範例：「好，艾伯特，那太棒了。你知道，我對味精非常過敏，只要吃上一口，我就完了，非得進醫院不可。」

你認為艾伯特聽完這番話之後，會不會到廚房與廚師再確認一次？注意在A、B兩個情節中，原先的均勢是如何地轉變了。剛開始，機械工喬伊和服務生艾伯特都不在乎你的時間表、你吃了什麼。但是，當他們所要應付的不只是一件麻煩事（修車、問廚師是否放了味精），他們的態度更會從漠不關心很快轉變為非常在乎。

只要改變利害關係，你就能占盡優勢。

第十類：忍不住向第三者吐露真相

大多數說謊的人，都至少會對另一個人吐露祕密。如果你的方法正確，很容易就可以從那個人口中取得真相。重要的是，你必須讓那個人相信你已經知道真相，並加入你的情緒反應。加入情緒反應可以讓你看起來由衷地真誠，因為你知道真相，已藉由情緒反應做了巧妙的包裝。

你只要使用一種最適合當時情況的情緒反應即可，例如同情、驚訝、恐懼、喜悅、關心、幽默等。

讓我們看看幾個例子。面對你認為知道真相的人時，你可以參考以下的說詞：

●同情：「我無法相信山姆的所作所為。我真的感到非常非常地難過。如果有什麼是我能為你做的，請讓我知道，好嗎？」

●關心：「我剛剛才知道，他們怎敢那樣對待吉姆？我決定自己去找他們，好好修理他們。這口氣你怎麼嚥得下去？」

●幽默：「瑪麗，喬伊怎麼老撞邪，盡發生些怪事？他剛剛才告訴我，我還是不相信。」

即使只是懷疑猜測，你也要確定你的行為表現得像真的一樣，讓對方認為你已經知道事實真相。然後再加入適當的情緒反應，你就能使對方產生最大的信賴感。

抓住說謊的小辮子

- 如果事情涉及第三者，為了不讓自己被認為像是在打小報告，他會拒絕說出真相。
- 有時候說謊，只因為他覺得困窘、尷尬。這時只要有適當的誘因和讓他感到自在的環境，要讓他說出實話其實也沒那麼難。
- 想要得到答案，或是希望某人做點事，就必須增加他的責任感。
- 倘若事情對他一點威脅也沒有，即使說謊，他也不會感到任何壓力或罪惡感。

掌控話題的主導權

你可以操縱引導交談的內容，使它朝著你要的方向進行。舉例來說，朋友向你展示一張全新的餐桌，你想知道這張餐桌是否價值不菲，直截了當地問是最好的方式嗎？通常不是，因為你的朋友可能會起了防衛心。但如果你說它是你所見過最華麗的餐桌，那麼她可能做出什麼樣的回應呢？沒錯，就是你想知道的答案——她會說那張餐桌是多麼地貴！

如果你說：「這張餐桌看起來很貴，妳怎麼花那麼一大筆錢買一張桌子？」你可能得到什麼樣的回應？她會說這張餐桌貴就貴在它的品質與製作技巧。當你說這張餐桌很昂貴，她就會跟你談論它的品質；但如果你說它很漂亮，她就會告訴你這張桌子花了她多少錢。

藉由提出正確的問題，你可以隨心所欲地引導對話進行的方向，並誘導出你所需要的訊息。

同樣的，你也可以控制回應的類型。你可曾注意到，當你在走廊上或電梯中與人擦肩而過時，你們之間所進行的「儀式」？你微笑，她也微笑；你點頭微笑，她也點頭微笑；你說「嗨」，她也會報以同樣的回應。誰先針對情況做出反應，誰就掌控了彼此交流的方式。

相同的情況也發生在交談的速度上。你可以試著用從容不迫、緩慢的語調問某人一個開放性的問題——一個無法以簡單的「是」或「否」來回答的問題，然後觀察對方用了多久的時間來回答。如果你再用快速的語調提出一個問題，對方一定也會用類似的速度做出回答。

為了達到最佳的測謊結果，你可能會希望把交談的內容引導到一個特定的方向。其實只要使用幾個經過精挑細選的字眼，就能有效地達到目的。無論在任何對話中，你可以使用以下幾個關鍵用語，把交談內容帶到任何你要的方向，以擷取你所需要的訊息。

「你的意思是……」

運用這個字眼引導對方的思惟，並把交談的內容拉到更大的格局，讓你比較能夠看到他的全面境況。當你使用這個字眼之後，他也將說明採取現今立場的其中原委。

範例Ａ：「我是這個機構裡最高薪的人。」

「你的意思是……」

「我是唯一一個具有經驗與學歷來擔任這項職務的人。我一路打拚上來，已經

超過十五個年頭了。」

範例B：「現在由我負責整個營運。」

「你的意思是……」

「老闆離開時，指定要我負責營運，如果你有任何問題，都必須跟我商量。」

「這樣的話……」

這個關鍵用語可以讓你獲得更多側面訊息，收集額外的相關實情。

範例A：「我很抱歉，我們已經盡力了。」

「這樣的話……」

「它的標價就是這個價錢，我們已經查了三次價目表和送貨單了。」

範例B：「現在由我負責整個營運。」

「這樣的話……」

「那表示我負責所有的事——存貨盤點、報表，以及人事。」

「所以……」

這個關鍵用語可以使對方說得更精確一點，讓你獲得詳情。

範例A：「我可以提供你最好的醫療照顧。」

「所以……」

「如果你來我這裡，我會替你做最完整的血液檢查、照X光片；而這些檢查還只是標準健康檢查的一部分而已。」

範例B：「我們公司會給你穩固的工作保障。」

「所以……」

「如果你必須請假一段時間，我們仍然會保留你的職位。」

「那現在……」

這個關鍵用語可以使對方把自己的態度、立場轉化為具體的行動。他將進一步確切說明自己的意圖，以及你該採取的作法。

範例A：「支持股東，不讓股東失望是我們的政策。」

「那現在……」

「你可以跟隨我們的政策，或自己走人，一切由你決定。」

範例B：「我們提供最佳的商業保證。」

「那現在……」

「你可以在這裡簽個名，然後我們就可以讓事情開始進行了。」

抓住說謊的小辮子

- 藉由提出正確的問題，你可以隨心所欲地引導對話進行的方向，並誘導出你所需要的訊息。
- 為了達到最佳的測謊結果，你可以使用以下幾個關鍵用語，把交談的內容引導到一個特定的方向，以擷取你所需要的訊息：

  (1)「你的意思是……」將迫使他針對立場說明其中原委，可以把交談的內容拉到更大的格局，讓你比較能夠看到他的全面境況。

  (2)「這樣的話……」可以讓你獲得更多側面訊息，收集額外的相關實情。

  (3)「所以……」可以使對方說得更精確一點，讓你獲得詳情。

  (4)「那現在……」可以使對方把自己的態度、立場轉化為具體的行動。

要求具體的說明

有時候，雖然你得到了一個答案，但是它並沒有為你帶來多大用處。這個部分將提供一些很棒的方法，把原本曖昧含糊的回答縮小窄化，讓你取得一個比較直接、真實的答案。以下的回應方式，展示了你能如何從對方口中取得具體答案。

說明意見

舉例來說：「我認為那場會議不是很成功。」

「怎麼會呢？」（廣泛、粗略的回應）

「我就是這麼認為，行嗎？」

相對於「怎麼會呢？」這樣的回應，其他的回應將可產生更有成效的結果，例如：

- **「你是跟什麼比較的呢？」**
- **「它有多糟糕？」**

針對一個籠統的陳述提出一個廣泛的問題，結果不會有什麼不同。但如果你要求對方加以澄清說明，他就會覺得有義務要做出回應。

表達立場

舉例來說：「我不知道我可不可以。」

「你說你不知道是什麼意思？」（廣泛、粗略的回應）

「我就是不知道，行嗎？」

相對於「你說你不知道是什麼意思？」這樣的回應，其他的回應將可產生更有成效的結果，例如：

- **「具體來說，是什麼妨礙了你？」**
- **「要怎麼樣，你才可以？」**
- **「要做什麼樣的改變，你才會知道？」**

你看到這些具體的回應是如何把答案範圍縮小了嗎？無論何時，當你想澄清一個粗略、模稜兩可的答案時，記得使用這個技巧。

抓住說謊的小辮子

- 要想取得一個比較直接、真實的答案，必須把對方原本曖昧含糊的回答縮小、窄化。
- 針對一個籠統的陳述提出一個廣泛的問題，結果不會有什麼不同。但如果你要求對方加以澄清說明，他就會覺得有義務要做出回應。
- 當你想澄清一個粗略、模稜兩可的答案時，具體表達自己的立場可以縮小答案的範圍。

發掘真相的關鍵詞

有什麼簡單的字眼會比任何其他字眼來得管用，可以使對方說出實話？以下三個字眼正好能夠發揮這種作用：

- **「因為」**：如果對方的解釋是跟在「因為」這個字眼之後，我們就會認為他的說詞令人信服。
- **「讓我們……」**：這個字眼可以產生一種群體的氛圍，創造出盲從跟風效應，是一個可以帶起行動的正面字眼。
- **「試試看」**：我們都喜歡「嘗試」各種事物，這個微不足道的字眼，其實是一股強大的激發動力，因為它暗示了「反正你不會成功」，而逐漸灌輸了「但也不會有什麼損失」的心理狀態。

以下的句子結合運用了以上三個字眼，它的句法結構乍看之下似乎合情合理，但事實上，它一點意義也沒有：「**讓我們試試看，因為如果行不通，我們還是可以回復原狀，用原來的方法。**」很顯然的，從這句話當中，你尚未帶出任何可讓對方採取行動的理由，但它聽來似乎很合理。

一個人只有在覺得自己遭受攻擊的時候，才會自我防衛，既然如此，我們為什麼要採取攻擊行動呢？讓我們看看，使用那些具攻擊性的字眼，對取得真相有什麼好處：

- **「你是不是從這些收支現金中拿走了五美元？」**
- **「你為什麼從這些收支現金中拿走了五美元？」**
- **「不要再拿這些收支現金裡的錢了！」**

以上這三個句子有什麼共通點？它們句句都是責問、指控，而且很可能使對方做出「我沒有拿！」的自然反應。如果你想知道對方是否拿了錢，你只要說：「**這五美元是從收支現金裡拿出來的嗎？讓我們試著每次支取不超過十美元吧，因為這樣做比較好。**」

你看看，這番話是多麼地親切和藹！這麼做比較容易取得真相，因為聽了這番話之後，沒有人會覺得他必須自我防衛。

無論何時，當你想要取得一些訊息，但又不想讓對方覺得遭受指控或苛責，就使用「因為」、「讓我們」、「試試看」這些字眼吧！

抓住說謊的小辮子

❶ 一個人只有在覺得自己遭受攻擊的時候，才會自我防衛。因此，以攻擊的態勢想從他口中取得真相是不可能的。當想要取得一些訊息，但又不想讓對方覺得遭受指控或苛責，可以使用「因為」、「讓我們」、「試試看」這些語氣較緩和的字眼：

(1) 跟在「因為」這個字眼之後的句子，會令人較為信服。

(2)「讓我們」可以產生一種群體氛圍，創造出盲從跟風效應，是一個可以帶起行動的正面字眼。

(3)「試試看」這個微不足道的字眼，其實是一股強大的激發動力，它暗示了「反正你不會成功」，另一方面也灌輸了「但也不會有什麼損失」的心理狀態。

取得發言權

現在，你已經「全副武裝」，有能力在任何情況或交談中取得真相。但是，如果你說不上一句話，那麼再多的技巧也無法施展。

如果對方滔滔不絕，或是不停地打斷你，讓你一句話也沒辦法說，以下有幾個很棒的方法，可以讓你取得「發言權」。這十七個有力反駁的句子，可以讓對方目瞪口呆，噤聲不語。你可以隨意運用任何一個你認為最適合當時情境的句子，這些句子對人性中兩個敏感、易受影響的部分——自尊與好奇心——都發揮了作用。

- **「你是個聰明人，讓我問你一個問題。」**
- **「有件事，我要問問你的意見。」**
- **「我可以成為第一個在你面前把一句話說完的人嗎？」**

●「你一直打斷我的話，讓你顯得很愚昧。」

●「如果事實和你的意見互相牴觸，我很抱歉。但是，我想知道……」

●「有件事，你或許可以幫幫我的忙。」

●「我知道你會要我問你這個……」

●「你大概是唯一知道這個答案的人。」

●「我希望這個消息不會讓你心煩。」

●「在你說其他話之前，先回答這個問題。」

●「我想要專心聽聽你說什麼，所以先讓我把話說完。」

●「我希望這不會冒犯你，但是……」

●「我不希望你錯過這個……」

●「這是你最後一次聽到我說這個……」

●「你的記憶力好嗎？太棒了，那麼你就不會忘了這個……」

●「我的話才說了一半，如果打斷了你，很抱歉。」（這是一句反話，有諷刺的意味。其實是你的話才說了一半，對方就開始打岔。）

●「這麼說……」（以對方最後所說的句子作為開頭，就能輕易地轉變交談的內容。）

抓住說謊的小辮子

- 即使有再厲害的測謊技巧，若對方滔滔不絕地說個不停，你一句話也插不上，那麼再多的技巧也無法施展。
- 你可以針對人性中兩個敏感、易受影響的部分——自尊與好奇心——提出有力的反駁，迫使對方交出發言權。

PART 4

設下欺瞞防火牆

我和華盛頓不同，我有一個更高尚、更偉大的原則標準。華盛頓不能說謊；我可以，但我不會說謊。

——馬克・吐溫

這個章節提供了兩個力量非常強大的工具，第一，先教導你如何避免被騙上當；第二，你將學習如何在各種情況下，查明一個人的真正意圖。

不讓謊言有發生的機會

正如一句諺語所說，最佳的防守就是一項有效的攻擊。一旦你曾經受騙上當，就可以運用所學的技巧，輕易取得真相。然而，在謊言還未形成之前，才是處理謊言的最佳時機。

你現在是不是有點困惑？以下的技巧可能有點幫助，它會在你開始起疑、謊言尚未形成之前，就讓謊言夭折死亡了。

提前假設，合理要求

當你想要取得一個真相，而這個真相又與對方先前的行為有關時，就可以使用這個方法。假設一個可能的情境：一個母親懷疑十二歲的兒子抽菸，她該怎麼做？以下列舉了從最

糟糕到最適當的處理方式：

● **「你有沒有抽菸？如果讓我發現你抽菸，我就宰了你。」**

這種處理方式糟糕透了，不幸的是，這也是平時大家最常用的方式。這樣的生氣憤怒造成了一種連結：認錯→說實話→就會受到處罰。完全無法引誘兒子坦白認錯，他反而很可能因此而說謊。

● **「你抽菸，是不是？」**

這個方法比上一個好一點，它暗示了母親手中已握有某種證據。這種方法有時候會奏效，但孩子也可能不想為了已經遭受母親指摘的吸菸行為，而再添一樁說謊的錯事。

● **「我想跟你談談你抽菸的事。」**

我把這種方法稱之為「提前假設」。聽了這句話之後，孩子會覺得媽媽已經知道他抽菸的事了，現在只是想和他談一談。但是他也可能對母親說「我不想談」之類的話，儘管如此，「我不想談」這句話也已經揭露了真相。

● **「你偷偷摸摸抽菸的事，我全都知道了。你知道我對這件事很不高興，但我只要你答應我，在你二十一歲之前，不准喝酒。」**

截至目前為止，這是最精巧的一種處理方式，它在許多層面都發揮了作用。第一，它採取了「提前假設」的方法——「抽菸的事，我全知道了」。

第二，它運用了兩個「自明之理」：「偷偷摸摸」、「你知道我對這件事很不高興」兩句話，創造了一個說實話的氛圍。男孩從這句話裡聽到了兩件確實的事：他偷偷摸摸，以及母親對他抽菸的事很不高興。所以，他願意接受、相信母親之後的提議。

第三，母親給了兒子一個簡單解決問題的協議，他唯一要做的，就是承諾在二十一歲以前不喝酒，這樣他就沒事了。

在這個方法當中，沒有威脅，也沒有懲罰，只有一段誠實坦率的聲明和協議，而不論是聲明或協議，男孩都相信它們是真的。

運用這個方法的時候，必須牢記以下四個指導方針：

(1) 把你的懷疑假定為事實。
(2) 至少陳述兩個自明之理（你知道它們都是事實）。
(3) 把你的焦點從威脅轉換為要求。
(4) 對他來說，這個要求必須是合理、易於接受的。

有效掩飾發問的意圖

當你想要取得一個真相，而這個真相是關於一個新的決定時，就可以使用這個方法。它雖然是一個簡單的策略，但是用來避免受騙上當，卻有極高的效力。

許多時候，人們都想說出真相，但是說謊卻容易得多。人們知道你想聽到什麼樣的答案，而且不管他們自己是否相信那個答案，也會如你所願地說給你聽。但是，如果他不知道你要的是什麼，他就無法欺瞞詐騙。

看看以下的例子，並且留意每個範例中的第二個句子是如何有效地掩飾你真正想問的問題。

- 「我們正在調動職位。你想不想到財務部門工作，做我的屬下？」或**「我們正在調動一些人，你比較想累積財務方面的經驗，或是多接觸行銷工作呢？」**
- 「你要我今晚替你煮飯嗎？」或**「今晚你想在家吃飯或到外面吃？」**
- 「我想約蓉達出來，你覺得她怎麼樣？」或**「你覺得蓉達怎麼樣？」**

誠實的人不在乎做出負面回應

以下例子所介紹的步驟，已經普遍應用於篩選審核應徵人員的過程之中，這些問題是用來詢問那些未來的準員工們，看看他們是否誠實正直。如果你真的想得到這份工作，你要如何回答這些問題？

- 「在你一生當中，可曾偷過東西？」
- 「你可曾闖過紅燈？」
- 「在你的朋友之中，有沒有人曾經在店內偷過東西？」
- 「你可曾有過想殺了某人的念頭？」

針對以上的問題，大多數人的回答都會是肯定的；而它也正是未來的準員工應該做出的回答。為什麼？因為對大多數人來說——聖人除外，肯定的答案才是誠實的回答，而雇主的

任務就是要尋找誠實面對這些問題的員工。

你在十二歲的時候偷了一包口香糖，並不會使你成為一個壞蛋或令人討厭的員工。這個篩選過程的目的，並不是為了測定應徵人員是否有罪，而是他或她是否誠實以對，至少這可以讓你用信任的態度處理當時的情況。

舉例來說，瑪莎有一個十來歲的兒子，過去兩年，他離家出走，露宿街頭，現在想要回家了。瑪莎知道兒子染上了吸食古柯鹼的毒癮，很擔心他是否真的能夠一改過去的惡習。瑪莎大可以告訴兒子，他非得參加毒癮勒戒的療程，才可以搬回家。而男孩不管是否打算參加戒毒療程，他都可能同意瑪莎的要求。如果他是真心誠意的，他會答應；同樣的，如果他說謊，表面上，他也會接受瑪莎的條件。因此，這種作法並不能使瑪莎瞭解兒子的真正意圖。

但是，瑪莎讀過這本書，所以她用另一種方式對兒子說：「如果你戒了古柯鹼，且無論如何都絕不再吸毒，你就可以回家。」如此一來，兒子的回答就會顯露出他是否真的有心要戒毒。

顯而易見的，瑪莎的兒子很難立刻戒除毒癮，所以，如果他馬上說他可以戒毒，表示他在說謊；如果他說他沒辦法立刻戒毒，但會慢慢努力，就表示他的確是真心想要找回健康。

當你想判斷對方是否誠實、承諾是否可信時，不妨提出一個難以實行的解決方案。**如果**

對方明白這個解決方案的困難程度，他會認真地表示想要達到某個特定目標或結果；但如果他很快就接受了你的解決方案，則表示他有所欺瞞，別有用心。

【註】一般來說，人都需要一個理由來說謊，如果沒有說謊的理由或動機，你就很可能可以得到真相。所以，你要在對方找到說謊的理由之前，要求他說出真相。瞭解你所應付的是什麼樣的人，就是你最大的優勢。例如，當你表達了購買的意願之後，再向售貨員詢問商品的品質，就不是時候了，因為他可能認為說謊對他最有利。但是，如果你在表達購買興趣之前，先若無其事地詢問產品的品質，那麼引誘他說假話的動機就不存在了。

抓住說謊的小辮子

- 生氣憤怒的反應只會讓他認為認錯→說實話→就會受到處罰，完全無法引誘出真相，他反而很可能因此而說謊。
- 為了讓他願意說實話，你必須提前假設他的確做了那件事，進而再對他提出補償的合理要求。運用這個方法的時候，牢記以下四個指導方針：

  (1) 把你的懷疑假定為事實。

  (2) 至少陳述兩個自明之理（你知道它們都是事實）。

  (3) 把你的焦點從威脅轉換為要求

  (4) 對他來說，這個要求必須是合理、易於接受的。
- 說謊比說實話容易多了，因為他只要說出你想聽的答案即可。但如果他不知道你要的是什麼，他就無法欺瞞詐騙。
- 提出一個難以實行的解決方案，如果對方明白這個解決方案的困難程度，他會認真地表示想要達到某個特定目標或結果；但如果他很快就接受了你的解決方案，則表示他有所欺瞞，別有用心。

PART 5

誘引潛意識投降

善意的謊言累積到一個程度，就變成操控。

——大衛・李柏曼

本章提供獲取真相的最高階技巧。你只要運用催眠，以及由我研發出來、稱之為「催眠腳本」（Trance-Scripts）的一套系統，就可以在不被對方察覺的情況下，直接控制、使喚對方的潛意識。經由這個過程，你可以說服對方說出真相，獲得最大的效果。這些技巧非常特別，你必須運用判斷力謹慎地使用！

嵌入暗示指令

你可以運用這個技巧，把暗示直接植入對方的潛意識中。作法就是把指令嵌入一個句子中，這些指令可以和第二章的進階策略和終極攻勢聯合使用。舉例來說，在以下的句子中，以粗體標示出來的部分，即是嵌入指令。

- 「你要**說出實情**，或是不想**說出實情**，全由你決定。」

人的意識層面會全數接收整個句子，但是嵌入指令──「說出實情」──則會直接進入潛意識。

這個技巧非常簡單，而且只要遵守兩個準則：第一，為了發揮最大效用，這個指令必須以一個動作動詞作為開頭，因為你是在吩咐對方的意識採取行動。

第二，整個嵌入指令必須用所謂的「類比標示」（analog marker），與句子其他部分做

出區隔。你可以使用以下的方法，把嵌入指令標示出來：

- 當你說出指令的時候，稍微降低或提高音量。
- 在說出指令之前，以及說出指令之後，都做一個短暫的停頓。例如：「有時候，我們就……迷上了……我們正在讀的東西。」
- 當你下達指令的時候，不時運用手勢來分散對方的意識，使嵌入指令被潛意識所接收，並視其為一個命令。

這個時候，太明顯的姿勢、動作，或停頓太久，只會讓對方感到困惑，而開始詢問你在搞什麼鬼。因此，運用這個技巧的時候，你必須表現得漫不經心，放鬆悠閒。以下是運用嵌入指令的例子，指令將以粗體字標示：

「除非你想說，否則我不希望你**告訴我**。現在，如果**你覺得想要告訴我**，那麼就**把它說出來吧**，反正**當你瞭解到這是一個正確的抉擇**之後，你就會**告訴我實情**，而或許**現在**就可以讓我們**澄清其中的誤會**。」

4-3-2-1法則

這是一個驚人的技巧，它之所以管用，是因為大腦在接收了數個它認定是真實的訊息之後，就會認為接在這些訊息之後的暗示也是真實的。只要這個暗示不是假得太明顯，大腦就會相信它是真的。

這個技巧的步驟很簡單：**首先，提出四個真實的陳述，之後接著一個暗示；然後是三個真實的陳述，之後接著兩個暗示；然後再提出兩個真實的陳述，接著三個暗示；最後是一個真實的陳述，之後接著四個暗示。**

這些真實的陳述可以是任何事——你所在的房間、天氣，以及大腦無法加以反駁的任何事物。如果你希望對方做某件事，你的暗示就必須與那件事有關。透過外在、可加以證實的陳述與具體暗示的結合，你就可以引導對方接受你的暗示。

測謊現場模擬

情節：一名警探想要讓嫌犯坦白招供。

以下用直線標示的句子是真實的陳述，楷體字的部分則是暗示。你也可以把這個技巧與嵌入指令（括號內的字句）結合運用。

你坐在椅子上【真實陳述一】，心裡想著該怎麼做【陳述二】，仔細考慮著各種選擇【陳述三】。你想要做最有利於自己的事【陳述四】，而那件事就是（告訴我發生了什麼事）【暗示一】。

我們知道你過去曾經因為搶劫案被捕【陳述一】，被判緩刑而未入獄【陳述二】。我知道你大概很害怕【陳述三】，我要你（知道我是站在你這一邊的）【暗示一】，而且我希望讓你（明白說出實情的好處）【暗示二】。

嘿，我知道你想走了【陳述一】，你也知道我沒有時間整天跟你耗在這裡【陳述二】。說出實情可能會讓你好過一點【暗示一】，你也可以省了很多麻煩【暗示二】。（等這件事情結束之後），你就可以（繼續過你的人生）【暗示三】。

我知道你的大半輩子都在街頭上闖蕩【陳述一】，這是你重新開始的機會【暗示一】。為你自己（想一想），你（改邪歸正）之後的（發展）【暗示二】。你可以（找到一個受人敬重的工作）【暗示三】，而且可以（把家人照顧得更好）【暗示四】。

讓他照著做

這個技巧將以一種全新的方式來運用嵌入指令：你給予一個可以使對方做出某些明顯動作的暗示，如此一來，你不需要繼續詢問對方，即可觀察他的動作是否出現欺騙的徵兆。**留意觀察你在話中嵌入的「行為動作」指令，如果對方有所欺瞞，通常就會在交談時接受你的暗示，做出那些「行為動作」**。以下是三個範例，粗體字的部分是嵌入指令：

- 「我的意思不是說你一撒謊，**身體就會變得僵硬**、**挺得直直的**。」
- 「我不知道你是不是在說謊，**除非你只要一騙人，眼睛就會眨得很快**。」
- 「如果你……**喜歡你正在讀的東西**……你應該會……**帶著笑容**。」

在這個技巧中，你只要嵌入一個可以立即觀察對方反應的指令即可。你可以隨心所欲地盡情使用這個技巧，不過要記得遵循使用嵌入指令技巧時的準則。

分裂他的自我認知

這個技巧可以使對方比較自在地說出實情，運作的方法是把對方分割成兩半。別想錯了，可不是用鋸子來切！事實上，你是把對方的「心理」分裂成兩個部分，讓這兩部分彼此對抗交戰。

這分裂的兩部分就是原先那個說謊的人，與現在這個絕不會傷害你的人。這個技巧將大大減低對方的罪惡感，因為他不再覺得自己有義務為「以前那個他」的所作所為辯解、負責。這個技巧用來治療恐懼症，功效極大。

你可以在交談中重複使用類似以下的句子，重點在於你必須確定這些句子把「以前的他」和「全新的他」做了對照。

- **「以前的你大概會做出這種事，但我知道你現在絕不會再做了。」**

- **「現在的你跟以前的你不同，我相信你應該比我還討厭、還氣從前的你，但你現在已經不是從前的那個人了。」**
- **「你只要對現在的你負責，你是一個誠實又值得信賴的人。」**

這些簡單的句子將開始削弱他的防衛。有些時候，這些句子可以立即見效；有些時候，則可能需要一些時間。但是，如果他一遍又一遍、持續不斷地聽到這樣的句子，最後一定會瓦解而說出實情。

觀察眼睛的轉動

你必須遵循以下的原則，這個技巧才能奏效。當一個人思考的時候，會依照進入大腦的訊息，使用大腦各種不同的部分來思考，而你可以藉由注視對方的眼睛來觀察出其中思考的過程。

對於使用右手的人來說，他們會經由眼睛往上、再往左的轉動，進入使用大腦的視覺記憶；對左撇子來說，眼睛的運動剛好相反：往上，再往右。

換句話說，**當慣用右手的人試圖「捏造」一個影像或實情時，他的眼睛會先往上，再往「右」；左撇子的眼睛則是先往上，再往「左」**。

你不妨拿自己做實驗，你還記得你的第一輛車子是什麼顏色嗎？如果你是慣用右手的人，那麼你在回想的時候，眼睛很有可能是先往上、再往左；而如果你是左撇子，眼睛則會

先往上、再往右。

有位政府官員在國會作證時，每當他回想過去的情節，眼睛都會先往上、再往左。這是一個很明顯的徵兆，表示他在重述他所記得的事實，而非虛構故事。然而，一直到我在《時代》雜誌上看到一張關於此事的照片，我才想起這個技巧，並發現事情的真相——在那張照片上，那位政府官員的「左手」握著一枝鋼筆。

在任何交談中，你都可以運用這個技巧來判斷對方是在「製造」訊息，抑或是在「回想」情節。你只要注視對方的眼睛，就可以知道他是在回想一件已發生的事件，或是捏造一個子虛烏有的故事。

拋下誠實之錨

還記得科學家帕夫洛夫那些出名的狗嗎？在帕夫洛夫的實驗中，他把飼料粉放在狗的嘴巴裡，並利用一根插入狗嘴中的外科手術管子，測量唾液的分泌。在實驗過程中，帕夫洛夫發現只要他一進入實驗室，那些狗就會開始分泌唾液。

這不可能是一種反射作用，因為剛開始幾次，當帕夫洛夫走進實驗室，那些狗並沒有出現分泌唾液的反應。只有當狗兒們認識到帕夫洛夫的出現代表有食物可吃，牠們才有分泌唾液的反應。

也就是說，帕夫洛夫的出現與未來的結果——食物——產生了關連。帕夫洛夫稱其為「心理反射」（psychic reflex）或「條件反射」（conditioned reflex）。

在日常生活中，我們也可以看到許多「條件反射」的例子。例如，你在數年前對伏特加

有過一次很糟糕的經驗，因此你一聞到伏特加的味道就覺得噁心。或者，從收音機聽到某一首歌，讓你記起一位已經數年未曾想到過的朋友。

這些都是「錨」，「錨」是指一些特定情感或情緒，與某些獨特刺激——影像、聲響、名字、味覺——之間的關連與因緣。

在這個策略中，我們將套用相同的原則，但使用的卻是全新的方法。

在撲克牌遊戲中，當對手在特定情況下做了一個出自潛意識的姿勢動作，可能就洩漏了心事。舉例來說，只要一緊張就會眨眼睛、往下看，或是將身體以一種特定的方式移動。這時，職業撲克牌玩家就知道如何注意這些會「說話」的動作，藉此洞悉對家手中握有哪些牌。

你所要做的，就是在對方的腦中「安裝」一個「誠實發報器」，如此一來，在任何情況下，對方只要一說謊，你就能立刻知道。

以下是執行的方法：**先問對方一連串可以輕易、誠實回答的問題。當對方回答的時候，你就下「錨」，做出一個特定的動作，在「特定動作」與「說出實情」之間製造一種關連。然後，你再問一個你不知道答案的問題，同時也再下「錨」。**

當對方看到你所做的特定動作，他的潛意識就會逼得他要誠實，正如那些狗一看到帕夫洛夫走進實驗室，就知道吃飯的時間到了。

你所選擇下的「錨」或是所問的問題，都不要太過明顯。你必須確定你提出的問題對方一定會誠實回答。此外，你所選擇的「錨」也不要太普通平常，否則就起不了什麼作用。這一連串的問題不必一次問完，也沒有一定的下「錨」次數。

舉例來說，妳老公正在吃他最愛的料理，妳可以問他：「你喜歡這頓晚餐嗎？」並且在問的同時下「錨」：把頭微微偏向一邊，或是用手碰觸妳的鼻子。

接著，妳再問一連串的問題——四或五個，而且每問一個問題，就下同樣的「錨」，藉著「問題／下錨」的過程，強化對方對「錨」的反應。

很快的，這種經過學習而形成的反應就會變得根深柢固，接下來，任何時候，你只要提出問題、下「錨」，就可以獲得真實的答案。

營造說謊與痛苦的連結

我們應該把這個技巧作為最後的手段。催眠可以用來治療恐懼症、焦慮失調以及恐慌症。而這個技巧正好相反，會逐漸使對方產生一種「不誠實」的恐懼，引發無可抵抗的焦慮。如果痛苦與欺騙相連、歡愉與誠實相連，那麼坦白認錯就是降低痛苦的不二法門。

這個技巧運用的是類似「誠實之錨」的步驟，只不過，你要在對方碰上了一些不愉快的麻煩事或不好的情況時——他撞傷了腳、和鄰居起了爭執——才下「錨」，接著你再提出問題。如果你沒有得到你所要的回答，那麼就下一個「痛苦的錨」。很快的，他就會把痛苦與說謊連結在一起，而減輕痛苦的唯一辦法就是說出實情。

此外，為了進一步增強「痛苦與說謊」的連結，你可以下另一個「錨」，連結愉悅的經驗——激情的性欲、享受美食、身心放鬆等，作為對照。

建立心靈橋樑

在第二章，我們簡短介紹了「和諧一致」的重要性（見76頁）；當我們與另一個人「和諧一致」的時候，就能毫不費力地打開彼此之間的話匣子。

當我們試圖讓自己與某人達成「一致」的時候——心理的調準，使自己與對方結盟，我們會先調準自己的生理，例如配合對方的手勢、姿態或說話的速度，我們稱之為「調整步調」。一旦完成了這個步驟，你就可以主導局面。而如果你依照以下的方法來做，可以達到更進一步的效果。

當你與對方建立「一致」的關係之後，提供任何讓他「有話可聊」的東西；而他所聊的內容，會正確反映他的想法（心理層面）。如此一來，你就可以根據他的談話內容（他的想法），調整自己的心理層面，與之匹配一致。接著，你再解釋為什麼說出實情是他最好的選

擇，藉此主導他的思想。如果這個步驟做得正確無誤，他就會遵從。

例如，你可以說：「我知道你認為自己還沒有做好說出實情的準備，我相信你一定希望我們之間這場對話根本沒發生過，讓它過去就算了。你一定也認為我會生你的氣，為了這件事大吵一架，你可能也認為沒有理由要告訴我實情。或許是我把這件事看得太嚴重、小題大做了。我瞭解，我們都會犯錯，而你希望這一次就讓它過去算了。我相信如果我站在你的立場，我也會有相同的感受。但是，因為我不是你，所以我只能告訴你我內心的感受。」（以這個句子開始引導對方）

「沒有關係，真的沒有關係，讓我們開誠佈公。當你說出事情的來龍去脈之後，你就會知道這麼做是對的。我會覺得很開心，我們能夠把這件事解決，拋諸腦後。我知道你也會很高興，我們也可以繼續過日子。讓我們坦誠相待吧，因為對我們兩個來說，這麼做很有意義。」

話塞子催眠術

這些話塞子運用了可以引起輕微催眠的字句，換句話說，當傾聽者的大腦在處理接收到的訊息之際，這些話塞子可以使他暫時發愣一下。

當你需要控制交談的進行，或是重新組合交談的內容，就可以使用話塞子。話塞子的作用就是趁對方的思緒「短路」之際，讓你有時間集中、鎮定思惟。但由於這些話塞子令人摸不著頭緒，你自己可能也要多讀幾次才會弄懂。

- 「你為什麼要問我你不確定的事？」
- 「你真的相信你認為你知道的事？」
- 「你可不可以給我……一個例子……可能會有幫助。」
- 「你可以假裝任何事情，而且裝得很懂、很行的樣子。」

- 「我瞭解你在……說什麼……你這樣說並不表示它就會成真。」
- 「如果你預期我會相信你所說的，你就不會說出來了。」
- 「你的回答告訴我，什麼是你沒察覺到的。」
- 「你認為你知道自己想的是什麼嗎？」
- 「一旦你有了一個想法之後，你要如何打住這個想法？」
- 「你為什麼會相信一些不真實的事？」
- 「你為什麼贊同你已經知道的事？」
- 「當你有一個念頭的時候，你會怎麼樣？」
- 「你越不去想它，你越會同意……」
- 「你沒注意到你忘了什麼嗎？」

改變他對現實的看法

運用「期待」與「暗示」的力量，可以獲得驚人的結果。當你不斷想從對方口中問出實情的時候，他的內心可能已經做好抵禦各種譴責抨擊的準備。但是，當他的內心轉而將矛頭指向自己的時候，他就會自動說出真相。

你可曾注意，當你買了一輛新車之後，突然之間，路上的每一個人好像都開同一個款車子。或是你正在節食，似乎不論你走到哪裡，到處都是麵包店或冰淇淋店。

真實的世界並未改變，唯一改變的是你的觀念與想法。**當你無法改變對方所處的現實世界以取得真相，那麼就改變他的看法，這麼做也可以達到取得實情的效果。**

如果你告訴鄰居，最近這一帶發生了一連串闖空門的事件，那麼接下來幾天，她就會注意到垃圾桶排放的位置似乎有點凌亂；信箱看起來古怪、不太正常；對街的車子有點可疑。到了晚上，她會聽到房子裡每一個細微的聲響。她可能已經聽過這些聲響上千遍了，但是現

在她會聽得更仔細，覺得這些聲響說不定代表了某些意義。

運用這個技巧的關鍵在於植入一個暗示，並讓暗示在對方心中自顯出來。不論你是否直接與她正面對質，這個技巧都能讓對方重新思考她的行為。請注意，這個技巧可能會引起暫時性的偏執妄想，特別是有兩個或兩個以上的人對她做了同樣的暗示之後，更會引發這種現象。

測謊現場模擬

情節：你認為同事珊曼莎一直在盜取公司用品。

範例A：「珊曼莎，妳有沒有注意到大家看妳時，表情好像有點怪怪的。」

可以肯定的是，珊曼莎聽了這番話之後，一定杯弓蛇影，覺得每一個人都在盯著她瞧。這個在她心中自顯的暗示將消耗她的心神，直到她停止偷竊為止。

範例B：「珊曼莎，我想整個辦公室都知道公司用品失竊的事了。妳有沒有注意到他們是怎麼盯著妳看的？」

這句話更直接、更有正面衝突的意味。你將注意到，如果珊曼莎確實偷取了公司用品，她很快就會相信大家都知情了，因為她發現每一個人都盯著她看。

抓住說謊的小辮子

- 在句子中嵌入你希望對方做到的指令，如此就能偷偷地把暗示直接植入對方的潛意識，以達到你要的效果。
- 大腦在接收數個它認定是真實的訊息之後，就會認為接在這些訊息之後的暗示也是真實的。因此，只要先丟出幾個真實的陳述，你就可以引導對方接受你的暗示。
- 把對方的心理分裂成兩個部分，讓他覺得「現在的他」不必為「過去的他」所做的行為負責，如此你就能得到你要的真相。
- 只要注視對方的眼睛，你就能知道他是在回想一件已發生的事件，或是正在捏造一個子虛烏有的故事。
- 如果痛苦與欺騙相連、歡愉與誠實相連，那麼坦白認錯就是他降低痛苦的不二法門。
- 當他內心將懷疑的矛頭指向自己的時候，他就會自動說出真相。

PART 6

熟習心理戰術

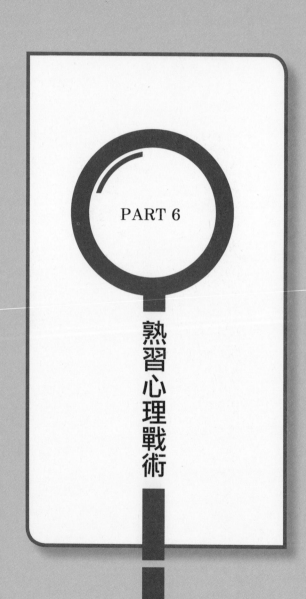

男人不時地被真相絆倒，跌得踉踉蹌蹌，但大部分的人都會很快地重新打理自己，好像什麼事也沒發生過一樣。

——溫斯頓．邱吉爾

為了取得真相，你必須懂得如何控制局面、博得威信，以及預測對方的其他反應。以下所介紹的心理戰術，可以幫助你同時操控混亂的交談場面，以及騷動的辯論爭執。藉由瞭解大腦處理訊息的過程，你可以輕易地左右任何人，讓他們說出實情。

動之以情，誘之以利

在我們所做的決定中，有九〇％是基於情感因素，然後我們會再運用邏輯為自己的所作所為辯解。換言之，如果你對某人曉以嚴謹周密的邏輯準則，你說服他的機會將很渺茫。

如果你尚未取得真相，「誠實為上策」或「說謊只會對每個人造成傷害」之類的話，是無法動搖任何人的。你必須把邏輯與情理那一套，轉化成為一個以情感為基礎的陳述，並且提供對方全盤托出所能獲得的直接利益。你必須提供一些可以迎合對方情感的具體利益，第二章所提及的基本與進階策略、終極攻勢，就全都是以情感為訴求。

舉例來說，母親可以試著對孩子說：「你說謊，傷了我的心。我希望我可以信任你。信任你，表示你將擁有更多的責任——你可以去做更有趣好玩的事，例如在朋友家過夜，或是和朋友一起去動物園。」

善用心理內化作用

我們處理好消息與壞消息的方法，取決於如何把這個消息內化（Ainternalize，使習俗、準則等事物經由吸收同化而內在化）。當一個人因為生活中的某個事件而變得非常沮喪消沉時，通常是出自三種內在的心理扭曲（mental distortions）：⑴她覺得這個事件所產生的情況是永久的；⑵她覺得事態緊急，意指她把事情看得比實際狀況還嚴重；⑶她覺得這事費神費力，而且會滲透、侵擾到生活的其他部分。

當三個想法中的任何一個，或三個一起出現、升高的時候，就會大大地增加她的焦慮，使得她的意氣更加消沉。相反的，當我們認為問題只是暫時的、單獨孤立、與其他事件無涉，而且無關緊要，那麼我們一點也不會受到影響。換句話說，藉由刻意增強或降低這些心理因素對人們所引起的作用，你就能立即改變他們對事情的態度——不論是轉向正面或負面。

改變他的生理狀態

當一個人固執己見，不願改變的時候，你唯一可以改變的就是他的生理機能。一個人的情感狀態，與他的生理狀態有直接的關連。如果他矢口否認，或是拒絕到底，怎麼都不肯改變，那麼你要想辦法讓他移動身體。這種作法可以避免所謂的「心理閉鎖」（mind-lock），讓他比較容易改變心理立場。

例如，如果他坐著，那麼就要他站起來，在房間裡走一走；如果他站著，就試著讓他坐下。

當我們的身體定住不動的時候，我們的心也會變得凝固僵硬。

提供額外訊息

當你和一個用自尊來傾聽的人交談時，你必須提供額外的訊息。如果你沒有給予對方額外的訊息，切勿要求他改變心意。

大多數人都認為改變心意是一種軟弱的表現，代表自己投降，而你戰勝了。因此，別要求他改變心意，而是讓他根據額外的訊息做出新的決定。政客即是如此，因為他們不希望自己顯得優柔寡斷。他們極少說自己改變主意，而寧願說他們的「立場已經逐步形成」。

例如，你可以說：「我瞭解你當時那麼說的原因，但是根據事實來說（一個新的、小小的、可以讓他為自己改變主意辯解的訊息），我認為你欠我一個解釋。」

你所提供的訊息越是新近，或顯得很新近，效果越好。如果你提起一個已經發生很久的事件，或是一個他根本未曾察覺的事件，他可能不想因為不知道這件事而被別人嘲笑，因此不願改變心意。所以，越及時的訊息，越能讓他自在地重新考量自己的想法。

把問題擴大

有時候，為了達到解決問題的目的，你必須把問題擴大。有一次，我一位朋友六歲大的兒子史特勞宣稱自己很生氣，因為他不能吃冰淇淋當做早餐。於是我對他說：「你是對的，史特勞。你太心煩了，所以除了生氣以外，你什麼事也沒辦法做。你大概需要坐在旁邊兩個小時才會消氣。」不用說，史特勞很快就氣消了。

我有一位朋友的秘書過去經常替他清理辦公室，朋友請她不要那麼做，但她堅持辦公室要保持清潔，井然有序。她為朋友工作已經超過十五個年頭了，朋友並不想為了這個原因而解雇她，但她這個習慣實在惱人。於是，他刻意把辦公室弄得亂七八糟，看起來就像一個災區。最後，他的秘書開口說話了。她認為朋友這麼邋遢、不修邊幅，是看她脾氣好，想占她便宜。不久之後，她就不再替朋友整理辦公室了。

當爭執變得徒勞無功時，就停止爭執，朝另一個方向進行，徹頭徹尾地改變你的姿態。對方要什麼，你就給她一個誇張的版本，這通常會使她退到比較中立的立場。

從容地表達期望

人們會按照你的期望做事。但如果某件事你喋喋不休說了十次，可就別指望他們會聽你的。你可以留意那些具有威信、職權的人士掌控情勢的方式，例如警察，他們不會尖聲嚷嚷、大吼大叫，或是不停地說同樣的事。他們打一個手勢，車陣就會停下來；他們一件事只說一次，而且說得直截了當。

如果你斷了一條腿，被送進醫院，醫師告訴你必須照X光，打上石膏。你無從選擇，沒有商量、爭執的餘地，而且也沒有人會問你的意見。但如果你的醫師說：「你知道嗎，我想你的腿斷了，你認為呢？」你會做何感想？你指望的應該是醫生告訴你你的腿怎麼了、需要怎麼處理。

在交談的過程中，也可以如法炮製。當你下了一個命令，並期望其他人遵守，那麼他們

就會遵從。但如果你是用大聲吼叫要別人聽話，便傳達了一個訊息：「我說話大聲，所以你會聽我的。」其實，話聲輕柔、直截了當，才是吸引對方注意力的最佳方式。因為人們通常不只是去做你期望他們去做的事，他們也會感受到你暗示他們應該感受到的感覺。

以下有三個不同的例子，看看這個技巧如何在日常生活中發揮影響。

(1)一個小男孩跌倒了。如果他的母親把它看成天大的事，那麼小男孩很可能會開始哇哇大哭，心情更加煩亂，因為母親的反應讓男孩認為：「媽媽最瞭解了，如果她認為我受傷了，那麼我一定是受傷了。」

(2)眾所周知的「安慰劑效果」（placebo effect，指使用非藥療安慰劑治療病人，使病情好轉）可以產生調節膽固醇、降低血壓的生理改變。只不過是一顆像藥丸的糖果，但病人所產生的生理反應，卻像他們服用了真正的藥物一樣。

(3)某人對你說你看起來很疲倦，你的整個傾向就會改變。你不妨試著對同事說：「妳看起來累暴了。」你將發現她的肢體語言會完全改變。如果你想要好心一點，可以對她說：「妳看起來美呆了。」你會看到她臉上掛著一抹微笑，雙眼綻放光芒。對於你的恭維讚美，她可能會加以否認，但是她臉上可清清楚楚寫著她的真實感受。

在對方不自在時逼供

常識告訴我們，如果我們想要請別人幫忙，一定要挑對方心情好的時候；如果對方的心情悠閒放鬆、感覺很好，他就比較可能會答應我們的請求。

這一點通常是真的，但是如果我們是要對方說出實情，往往就不管用了。當你要求某人全盤托出實情，那可就不只是請他幫忙而已。你必須假設某些東西——實情——是他不想給的，這時，越是自在舒適，他說出實情的動機就越薄弱。

相反的，當他感到疲倦、飢餓、口渴等的時候，就是迫使他坦白招供的最佳時機。這個時候，他無法仔細清楚地思考，只想盡快結束交談。當然，他也會變得更加激動，性情更加乖戾。此時，如果說出實情是唯一能讓他吃飽喝足、舒服一點的方法，他一定照辦。

突顯自己的優勢

你必須能夠輕易地勝過對手、隨時脫身。如果你的對手感覺到你的絕望、走投無路，你就完蛋了。你所擁有的選擇，就是你的優勢，你的選擇越多、越具有吸引力，你就擁有越大的勢力。相反的，當你情急絕望、孤注一擲的時候，實際情況就會顯得失真而扭曲。這時你很容易就會做出你絕對不該做的事——因為恐懼害怕而做了決定。因為當你的選擇有限時，你的觀點是扭曲的，你的思惟是情緒化的、非邏輯思考的。

如果你察覺到自己沒有任何力量，你可能就會毫無理由地讓步。換言之，藉由增加你的選擇，窄化對方的選擇，你就能獲得相當的優勢。打破勢均力敵的局面很簡單，誰比較需要誰，誰就失勢了。正如俗話所說：比較不在乎的人是贏家。增加力量的一個方法，就是讓對手知道他必須提供的事物——此處是指實情，你也可以透過其他的管道或其他人取得。這種作法將會削弱他的力量。

精通訊息處理程序

瞭解人類處理訊息的過程很重要，當我們碰到自己喜歡的事情時，我們處理訊息的過程稱為「執行單一任務」（single-tasking）；如果我們腦中想著自己不情願去做的事，則稱為「執行多重任務」（multitasking）。

舉例來說，你有一堆帳單要處理，但又不想碰它，那麼你的思路過程會如何運作？你心裡會想著：「我必須把所有的帳單都找出來，分門別類；拿出我的支票簿、郵票、信封；在每個信封上寫好地址；開好支票；結算開支。」等。

另一方面，當你碰到你喜歡的事情時，你會把所有的思考步驟內化成為較大、較廣泛的類別。例如，你喜歡烹飪，那麼你的思考步驟會是：去商店、回家、料理晚餐。

但是，如果你討厭下廚，那麼從在超級市場排隊結帳，到清洗碗盤等所有瑣事，你都會

算進去。

瞭解人類如何處理訊息有什麼實際用處呢？**如果你想給某人去做一件事的動機，那麼你必須讓他知道那件事既簡單又容易；但如果你想要打消他做某件事的念頭，你唯一需要做的就是把所有步驟攤開來，讓整個過程變得冗長、無趣乏味、困難費力。**

面對同一個事件，內化的方式不同，對事件也會產生截然不同的觀感。

運用「趨樂避苦」法則

人類的每一個行為背後都有動機，如果不是為了避免痛苦，就是為了獲得歡樂，或是兩者兼具。一個人如何回應，取決於你如何運用痛苦與歡樂的連結。

如果你想要左右一個人的行為，就必須使用痛苦與歡樂的連結。例如，你不希望他往東走，你就必須在往東行的方向設下使他痛苦的事物；如果你希望他往西走，就必須在往西行的方向設下使他歡愉的事物。

我們往往會因為憤怒或愚昧，而忽略這個力量強大、可以激發動機的方法。如果某人對你不誠實，你對著他大吼大叫：「你是個人渣、騙子！我知道你就只會讓我痛苦。告訴我那該死的真相，然後滾蛋，這輩子不要再讓我看到你！」這並不是有效的策略。

「趨樂避苦」法則的邏輯很簡單：**如果對方知道說出實情的好處大於說謊所能得到的利**

益，你就能得到真相。

但是，這一切必須符合一個具有決定性的準則：**你所提供的利益必須是唾手可得的。**大多數的人都沒有考慮到這個要點。說謊的人只想轉移焦點，不再提起你所追問的話題，然後繼續他的生活。因此，當你向他略述種種好處的時候，可以的話，一定要列入「以後絕不再提起這個話題」、「不會再把這件事放在心上」、「你們兩個都會讓這件事過去就算了」等利益。

你可以提供最具誘惑力、最令人垂涎的誘餌，引誘他說出實情。但是如果他認為說出實情之後，你一定會叨叨絮絮、囉唆個不停，經常翻這筆舊帳，他就不會讓步。第二章的「終極攻勢」就是很好的例子（見101頁），教你如何運用「趨樂避苦」的法則，讓對方說出實情。

抓住說謊的小辮子

- 以情感訴求為出發點，並提供對方全盤托出所能獲得的直接利益，真相就會離你不遠了。
- 當他認為問題只是暫時的、單獨孤立、與其他事件無涉，而且無關緊要，他就不會受到影響，也不會有意願要對你坦承。
- 當他感到疲倦、飢餓、口渴等時候，就是迫使他坦白招供的最佳時機。
- 讓他知道你也可以透過其他的管道或其他人取得實情，這種作法將會削弱他的情勢，進而對你坦白。
- 如果他知道說出實情的好處大於說謊所能得到的利益，你就能夠得到真相。

PART 7

避開自欺陷阱

一旦他發現自己的真面目，誰還能安慰得了他？……在這個世界上，每一個活著的人，都活在夢境之中。

——卡德隆·德拉巴卡

你已經擁有所有必備的方法，可以幫助你發現對方是否有所欺瞞，並且查出實情。但是，有幾個因素可能會干擾、甚至完全阻礙你偵測謊言的能力。幸好，只要你察覺這些因素的存在，就能抵消它們的力量，使它們發揮不了作用，而能暢行無阻地細查實情。

拒絕看清事實

最容易欺騙他人的人，就是那些甘願受騙的人。雖然有一些因素會阻礙我們取得真相，但是最大、最糟糕的障礙，往往就是我們自己。如果你不願意正視真相，你通常就看不到真相。

大家應該都有一位這樣的朋友吧：她的男友每天晚上加班、遲歸；他被人撞見和年紀小他一半的女人在一起；他身上常常有女用香水的味道；經常在週末出差。儘管有這些證據，你的朋友仍然拒絕看清事實。她相信男友所說的話；他說什麼，就是什麼。

當我們不願正視事實的時候，就會開始欺騙自己。正因為這些全是自欺的謊言，所以最難被發現，因為我們根本無法客觀地明察事理。

在美國，人們花了幾百萬美元，打電話到「九〇〇」這個號碼（譯註：「九〇〇」是一種昂貴的付費電話，就像在台灣也有一分鐘二十元的色情電話，或猜獎電話。樂透彩券開獎之後，都會公

布中獎號碼，人們其實不用花錢打電話去查詢，但就是有人不願等待，寧願花錢去聽開獎），希望聽到電話那一頭所開出的樂透彩券中獎號碼，正是他們手中握有的彩券號碼。我們想要自己相信，只要挪出空閒的一個小時在家打電話，就可以賺到一千美元。

「我們渴望去相信」的心理，強烈地左右了我們，讓我們相信所見的事物是真實的、實際存在的。類似的情況還有神奇的除皺乳霜、保證有減肥功效的減肥藥丸等，比比皆是。

「不想正視」的想法，會濾除掉一些重要的訊息，而這些訊息往往提供了發現真相的線索。只有少數的人才願意去看清他們不想正視的事物、去傾聽他們不想聽聞的事物，以及去相信他們希望根本不存在的事物。

當你參加一個會議，心中希望最後會討論出一個好結果時，你就會忽略了許多可能使會議變得一團糟的事物。你必須盡可能地保持客觀，就像你正在為別人檢閱訊息一般。即使是一廂情願的想法、欲望，以及期待、盼望，也不該使你無視於現實的存在。

其中的祕訣在於學習如何中止你的關注與愛好，它也是執行這個艱難任務最簡單的辦法。你必須小心留意以下三種先入之見：**恭維讚美**、**確定批准**、**對質相抗**。如果你在傾聽的時候，已經心存任何一種先入之見，將可能會扭曲你所接收到的訊息。

換句話說，如果你在尋求讚美、為你已經知道的事物尋求確定認同，或是想引發一場爭執對抗，那麼你將會遺漏了訊息所包含的真實意義。

扭曲的偏見

在前一個段落中，我們瞭解到「想要去相信」或「不想去正視」的欲望會如何渲染、歪曲了我們對現實的觀念與看法。此外，「我們所相信的都是真實的」，也會扭曲我們的看法；我們所有的偏見、信念、態度與意見，都濾除了真相。

如果你從小到大都被教導要敬重權威，絕對不可以對權威人士有所質疑，那麼，當你面對居於權威地位的人士所發出的訊息時，這種敬畏權威的信念將嚴重地抑制你保持客觀的能力。類似的情形是，如果你認為所有的推銷員都是賊，或是所有的警察都腐敗貪污，那麼你根本無法看清真實的情況。你看到的是你自己的理念、看法與偏見的投射。

有時候，我們需要歸納我們的生活，做一概的推論。我們每天要做出幾千個決定，實在無法像第一次碰到這件事般地仔細審視每一件事。但是，你總有必須暫時打住你的看法與信念的重要時刻，也只有在這個時候，你才能看清事情的真貌，而非你所料想的面貌。

受情感操弄

強烈的情感遮蔽了我們對現實的看法。兩千多年以前，希臘哲人亞里斯多德曾針對情感與扭曲失真，說了以下這段話：「在強大情感的影響之下，我們很容易就受到矇蔽欺瞞。懦夫受了恐懼的左右；愛侶受了愛情的左右。只要一點點相貌形似的事物出現在眼前，懦夫就會把它錯認為敵人，而愛侶就會把它錯認為自己摯愛的對象。」

情感狀態若非由當事人自行從內心誘導出來，或是由外界引起，就是結合內在與外在兩種因素而引發。在這些情感狀態中，力量較強大的有內疚、脅迫、自尊、恐懼、好奇、渴望被人喜愛，以及愛情。如果你正處於其中任何一種情感狀態，你的判斷力就可能會減弱。

操弄其中任何一種情感狀態的人，正試圖把你從邏輯思考的方向帶到情緒化的思考。在這個過程中，你不是在進行邏輯思考，無法有效地看清顯現在眼前的證據，加以權衡考慮，而錯過了事實真相。以下的例子顯示了人們如何操弄這些情感狀態：

● 內疚：「你怎麼可以說出那種話？你不信任我，真是傷了我的感情。我再也認不出你是個什麼樣的人了。」
● 恐懼：「你知道，你可能會丟了這一整筆交易。我想你的老闆一定會很不高興。我真的希望你知道自己在做什麼。我告訴你，你到別的地方也不會做成比這一筆更好的交易了。如果你認為自己可以，你就是一個笨蛋。」
● 自尊：「我可以看得出來你是一個聰明人，我不會在你面前耍詐的。那怎麼可能呢？一定一下子就被你識破了。」
● 好奇：「想想看，你就只活這麼一次。試試看嘛，反正你總是可以讓事情回復到原來的樣子。那一定是一場有趣又刺激的冒險。」
● 渴望被人喜愛：「我以為你是一個真正的好手，大家也都這麼認為。如果你不好好地做，可就讓我們大失所望了。」
● 愛：「如果你愛我，你就不會質疑我。我這麼做，當然全是為了你。我不會對你說謊的，你深深明白這一點，對不對？」

你必須客觀地傾聽與觀察，不僅要觀察傾聽字面的意義，也要觀察傾聽訊息所傳達的含意。這些內在的「真相阻礙」會干擾你領會實情的能力，當這些情感躡手躡腳地爬進你的思想時，記得暫時停止你的情感，用理性觀察你眼前的事物。

抓住說謊的小辮子

- 阻礙我們取得真相最大、最糟糕的障礙，往往就是我們自己。「不想正視」的想法會濾除掉一些重要的訊息，而這些訊息往往提供了發現真相的線索。
- 所有的偏見、信念、態度與意見，都會使真相被蒙蔽。
- 強烈的情感會遮蔽了我們對現實的看法，當你正處於情感狀態中，你的判斷力可能就會減弱。相對的，當情感受到操弄，便無法有效地看清顯現在眼前的證據，而錯過了事實真相。

PART 8

戳破行家騙局

從每一個角度來看，真相都是別無二致的；而一個謊言，卻經不起每一個面向的審視。

——大衛・李柏曼

本章所介紹的「矇蔽真相的外在障礙」，不同於前一章所討論的「內在障礙」，後者源自於我們的內心，前者則是由外在的人事物所製造引起的。這些「矇蔽真相的外在障礙」是專家高手所使用的心理訣竅、職業的騙術花招，它們會影響你的判斷力，使你無法客觀地評估所接收到的訊息。

無論我們處於生活領域的哪一部分，我們總是在推銷某些東西。在工作領域，你販賣產品或服務；在私人生活領域，你推銷自己，與你的點子創意。不論在哪一種情況下，你無法成功致勝，總是為了相同的原因：人們不相信你所說的是真的。

舉例來說，你是一個房地產經紀人，某個不願意合夥投資的人可能對你說：「我要考慮考慮。」或是：「我要和老婆商量一下。」但事實上，他所說的都是同一件事。如果未來可能成為你主顧的那個人相信你所言屬實——你會讓他賺大錢，他就會合夥投資。

建立信任，是左右他人行為的關鍵。如果憑藉實情無法贏得信任，隨之而來的往往就是扭曲失真的真相。

這些技巧是以人性的心理原理為基礎，所以很難閃避得了。好消息是，這些策略就像魔術花招，一旦你知道它是怎麼一回事，你就不會被愚弄了。

拉近彼此的關係

我們都有一種傾向，會喜愛、信任與我們相像的人，進而受到他們的影響左右，並產生彼此有所關連、互相瞭解的感受。如果你去過賭場，你可能發現一個有趣的現象：每一個賭場工作人員的名牌上大多寫著類似以下的資訊：

吉姆．史密斯
行銷副總裁
亞特蘭大，喬治亞州

為什麼要把工作人員的家鄉名稱寫在名牌上呢？因為它能幫助工作人員與任何一位來自同一個地方——例如喬治亞州的亞特蘭大市，或是有親戚住在同一個地區的賭客建立一種連繫。這種連繫總是能開啟工作人員與賭客之間的交談，而賭客也會開始對工作人員產生彼此

關連的感受。換句話說，一個類似名牌這樣無害的物件，能使賭場工作人員與賭客建立了立即的關連與一致性，可能還帶來一個死忠的顧客。

你可能認為這個技巧似乎不會造成任何傷害，沒什麼大不了的。是呀，如果這種心理伎倆只是運用在名牌上，我們當然不用擔心。但事實並非如此，這種心理伎倆的使用狀況，比你能想像的還要深遠廣泛、無所不在。如果要一一列舉在何種情況下，你可能會遭遇到這種規則、伎倆，大概可以寫一整本書，所以這部分只列出滲透進入我們生活中最普遍的三種方式：

⑴當某人問及你的嗜好、故鄉所在地、價值觀、最喜愛的食物等問題之後，他卻只回答：「我也是，真的好巧。」你就得注意了。

⑵從另一個角度來看這條規則，如果某人對我們友好，我們不僅僅會更喜歡他，還比較可能對他表示贊同。你不認為在你的生活中情形確實如此？如果他同意你所說的每一件事，也不管事情到底合不合情理，他都贊同到底，你就得小心了。

有一句話說：「諂媚奉承一無用處。」事實的確如此。古希臘的寓言作家伊索所寫的一則精采短篇寓言〈狐狸與烏鴉〉，就精確巧妙地闡明了這個道理。

有隻狐狸發現一隻烏鴉站在一棵高樹的枝椏上，嘴裡啣著一片金黃色的乳酪。機敏伶俐的狐狸肚子餓得很，很快地想出一個可以從烏鴉口中奪取乳酪的計謀。

狐狸假裝自己是第一次注意到烏鴉，大聲地叫道：「我的天，多麼美麗的鳥！我說啊，這是我所見過最優美雅緻的黑色羽毛。你瞧，這一身黑羽，在陽光下是多麼地閃亮耀眼。簡直壯觀極了！」

烏鴉被狐狸這一番阿諛諂媚弄得心花怒放，牠一字一句地聽著狐狸的甜言蜜語。狐狸繼續說道：「我敢說，這是世界上最漂亮的一隻鳥。但是我不知道如此令人驚豔的鳥兒，牠的鳴聲是否也同樣燦爛動聽？」

奸詐狡猾的狐狸說：「我這麼要求，似乎太過分了。」

烏鴉聽信了狐狸的話，張開牠的嘴，發出一陣刺耳的呱呱聲。而牠嘴裡的那塊乳酪就在牠張嘴大叫的同時滾了下來，立刻被狐狸狼吞虎嚥地吃個精光。

這則寓言的教訓是：絕不要相信阿諛奉承之輩。

這是否表示，一有人對你發出恭維讚美，你就該有所提防，總是想當然地認為讚美你的人別有用心？當然不是，你只是要對充滿偽善的讚詞提高警覺。

(3)還記得第二章所探討的建立「一致性」的技巧（見76頁）嗎？同樣的，人們也可以輕易地使用這個技巧來對付你。「一致性」可以使人產生信任感，並在彼此之間架起一道心橋。越是感到自在，你越容易受騙上當。如果對方依樣畫葫蘆，仿效你所做的動作、說話的速度或語氣腔調，你就要注意了。

天下沒有白吃的午餐

你可曾納悶，為什麼許多宗教團體會在機場分送花朵或其他禮物？因為他們明白，大部分的人在收到花朵或禮物之後，都會覺得自己非得拿出一筆小小的捐款不可。我們知道自己沒有捐款的必要，而且一開始，我們並未主動索取禮物，但我們就是覺得不安。

當某人給予我們一些東西，我們往往會覺得有所虧欠。因此，當對方提出請求時，務必確定你的回應並非出於義務。這個心理技巧可以透過許多不同的形式呈現，不只限於「禮物」的形式。例如，對方可能提供一些情報、消息、一個讓步行為，甚或為你挪出一些時間。別以為銷售人員不知道，當他們花了很多時間為你介紹產品、說明操作方法之後，即使你不確定自己是否真的中意那個商品，你也會覺得似乎有義務要買下它。因此，做出正確決定的關鍵是，在做決定的時候，不要受到他人利益的影響支配。

引發比較的錯覺

這個原則說明了陳述事實的順序不同，對實情的詮釋也可能有所差異。換句話說，我們會針對前後訊息做比較與對照。

例如，電器行的銷售人員可能在你決定買下一套音響系統「之後」，才向你展示音響的附件。從某個角度來看，裝配音響的箱子五十美元，產品保單三十美元，比起一套八百美元的音響，也不算太貴。因為銷售人員先向你展示了價值最昂貴的音響，改變了你的觀點，所以在你眼中看來，之後展示的物件價格更加合理。

一個販賣二手車、無聲譽可言的銷售員，可能會先向你展示幾輛標價比它們應得的價格高出兩、三成的車子之後，再介紹一輛價格合理的車子，然後你就會認為這是一筆很棒的買賣。對你來說，這筆交易物超所值，真是賺到了！你之所以會有這種想法，是因為你把後來

展示的那輛車，與其他先前展示的車子做了比較。

另一個運用這個技巧的例子是：降價。一個商品從五百美元降到兩百美元，肯定比一個一百五十美元的商品，更讓人覺得是一筆好買賣。即使降到兩百美元的商品，其品質並不比價格較低、一件一百五十美元的商品來得好，但是五百元與兩百元的價格對比，將使降價商品更具吸引力。在這種情況下，最常聽到的反駁是：「我知道它很貴，但你要看看它還沒降價之前的價格。」

一些比較精緻高級的餐廳，在換菜、上菜的空檔，都會招待客人享用冰凍果子露（譯註：Asorbet，用新鮮水果製成，類似冰淇淋的冰品，但不含牛奶，一般音譯為「雪酪」），以清淨味覺，避免前一道菜餚殘留在口中的味道，摻和混淆了下一道菜的口味，好讓顧客得以盡情享受每一道菜。

同樣的，當你要做決定的時候，何不也清理清理你的精神味覺呢？你只要一次做一個決定，考慮決定本身即可。而最好的辦法就是在每一個決定之間保留一些時間，並且要獨立、不受支配影響地測定事物的價值。

利用自我行為合理化的傾向

你要知道什麼時候該堅持不讓步、什麼時候該妥協讓步。大多數的人都有一個強烈的傾向——即使這不見得是一個好辦法，就是行為前後一致。

這是人性使然，我們非得讓自己的言詞、思想、信念、行為保持一致不可。這個傾向與是否能不受先前的決定支配而做出抉擇有關。而一個人越有自信、自尊心越強，越有可能做出獨立自主的決定。以下的例子就探討了這個現象。

如果你有一個低微或負面的自我形象，你更會強迫自己為先前的行為辯護，證明你是對的。你會吃你不想吃的食物，只因為你點了這份餐點；你會觀賞一卷你不是真正想看的錄影帶，只因為你「冒雨一路走到錄影帶出租店租下它」。

你一直試著「把事情弄對」，用一致的行動來使先前的行為正當化。換句話說，即使你

不想再看了，但是觀賞那卷冒雨租來的錄影帶，會讓租錄影帶這件事看起來是很明智的。即使為了符合過去的行為、使其正當化，而必須對目前的看法加以妥協讓步，「你是對的」仍是你主要關心的事。你這麼做是希望把情勢扭轉過來，如此一來，你就是對的了。

異教派吸收新成員的過程，就是這種行為最根本的例子。你可能納悶，一個聰明理智、閱歷豐富的人，怎麼會加入這樣的一個教派——異教派的成員離棄了家庭、朋友、財產，甚至有些人還不幸賠上性命。

一個人越有自信、自尊心越強，就越不可能淪為異教派的犧牲品。最主要的原因是，一個擁有正面自我形象的人，可以對自己、對別人承認他做了一件蠢事；而缺乏自我價值的人，無法挑戰、質疑自己的判斷、價值或聰明才智。

異教派召募新成員的辦法，就是慢慢地使召募的對象涉入教派，每一次有更進一步的牽連，就會迫使成員把先前的行為合理化、正當化。這也是為什麼異教派的教徒不會逢人就說：「嘿，你要不要放棄你的所有家當，加入我們的教派？」

這條規則會對你的決策過程造成極大的影響，例如，某人會先用看似無害的小小請求引你上鉤，你應其所請之後，他再設下一個更大的要求。

由於你先前答應了小的請求，於是你會重新調整你的想法，使先前的行為合理化：「我一定很在乎他，否則我不會幫忙他。」、「我一定很在意這件事，要不然我根本不會這麼

做。」

為了避免其他人把這個技巧用在你身上，你要留意對方是否請求你允諾某些事。即使事情微不足道，你也要小心，當你答應了他的請求之後，接踵而來的是比前一個請求稍微再大一點的請求。過了一段時間，當你的「允諾感」發展到某一個程度之後，你的決定就會深深受到「允諾感」的左右。

當你做決定的時候，注意這個決定是否是為了你自己而做，或者你只是想讓先前的行為正當化、合理化。

營造盲從跟風效應

我們都有這樣的傾向：某個行為由其他人來做的時候，我們就認為該行為是恰當合理的。在我們生活中，處處可見這樣的心理特性，電視喜劇所使用的罐頭笑聲就是一個例子。我們是不是認為讓其他人開懷大笑的事，一定比較好笑有趣？絕對是如此。你從來不會去看第二眼的一位鄰居，自從別人告訴你每個女人都超想跟他約會之後，突然間，你會覺得他變得更有吸引力了。車行的銷售人員告訴你櫻桃紅是這一季最熱門、最搶手的顏色，突然間，你就覺得自己非得有一輛櫻桃紅的車子不可。

避免受到這個心理特性影響的關鍵是，把你自己的喜好，與他人的愛好劃分清楚。如果只是因為有人告訴你某個東西是最新、最棒、最熱門、最暢銷的商品，你就購買，那並不是正確適當的決定。

對專家的迷思

在所有心理技巧當中，這是目前最被零售商使用、濫用的技巧。在某些程度上，我們仍然相當受到早年「敬畏權威」的影響。其實這倒也無傷大雅，只是人們濫用這個弱點的程度，已經到了猖獗的地步。你可曾注意到，有些百貨公司的化妝品專櫃人員身上穿的是什麼嗎？是實驗室研究人員穿的白袍！這不是很怪異嗎？他們為什麼要穿白袍？因為白袍讓他們看起來像個專家，讓我們認為他們更可信，也更容易相信他們所說的話。

最近，一位朋友告訴我，他租了一卷肯定是他這輩子所看過最爛的一部電影。我問朋友他租這部片子的原因何在，他回答：「櫃台的人說我一定會喜歡那部片子。」朋友才一說完就恍然大悟，發現自己是多麼地愚蠢糊塗！那個在櫃台負責租片的傢伙，究竟對我的朋友，或是他喜歡什麼樣的電影知道多少？只是因為那傢伙站在櫃台後面，穿著白袍，或是手中拿著一個筆記板，並不會讓他成為一個專家。

物以稀為貴

這個原則說明了越難得手的東西，我們會認為它越有價值。在本質上，我們想要擁有無法獲得的事物；對於難以獲得的事物，我們的想望更甚。

「這件商品可能已經沒有存貨了，它真的很暢銷熱賣。但如果我們還有存貨，你要買嘛，是不是？」當取得商品的可能性降到最低的時候，你最有可能會說的是：「好，我要。」

把上述銷售員所說的話，與接下來的句子做比較，看看你會不會同意購買那件商品。「我們還有一整個倉庫的商品，你要不要我現在就幫你下訂單？」這麼說一點也無法刺激購買欲，沒有現在不買就沒有機會的迫切感、沒有稀少匱乏之感，也激不起欲望。

要如何避免落入這個心理陷阱？只要問你自己：「如果有一百萬個這樣的產品，乏人問津，我仍然想要購買嗎？」

提供花俏的輔助訊息

十九世紀的英國作家班哲明．戴斯瑞力曾經說過一句話，最足以貼切形容這個情況：「謊言有三種：謊言、糟透的謊言，以及統計數字。」

我一直很驚愕，我們是如此容易受到一些看似官樣文章的事物所影響支配。如果一個人只是指著一個彩色圖表，作為他立論的證明，並不能使他所說的每一件事成為實情。切勿受到訊息類型的影響，你應該要把焦點集中在訊息本身。有多少人聽信售貨員的推銷叫賣，只因為他展示了一本精美的彩色小冊子，其中也概述了他所竭力推銷的內容？我們怎麼能相信那些印刷品不會說謊呢？

有一句老話說：「從來沒有人是因為那是一匹劣馬，才想要賣了牠。人們賣馬，是為了稅金。」我們通常都沒有停下來問問自己：「這合理嗎？」你只要有一點點常識，就綽綽有餘了。

「只為你著想」

對方可以運用這個技巧來取得你的信任，如果他運用得當，保證會讓你覺得自己交到了一個可以推心置腹、全心全意為你著想的最佳益友。在這個情況下，他製造了一個情境，博取你的信任，然後再把這份信任運用在真實生活中。

舉例來說，你在一家寢具店，考慮買一張堅固耐用、高級豪華的床墊。銷售員告訴你，如果你想要買那張床墊，他會幫你訂購，不過在這之前，他覺得有些事應該先讓你知道。接著他會告訴你，顧客絕對不知道，這家床墊製造商有時候會回收再使用床墊的內芯。

這麼做，他得到了什麼？他贏得了你的全心信賴。他冒著做不成生意的風險，告訴你一件你絕對不會發現的事。而現在，不論他說什麼，你都會相信。接下來，他則會向你介紹一張極品床墊，價格雖然比原先你想訂購的床墊高一點，但是沒有使用回收的二手內芯。

以不實的承諾換取信任

為了避免受騙上當，評估一個人是否正直誠實，必須以「他拿出了什麼」為評量基礎，而非「他承諾了什麼」。

有點歲數的亨利，一家一家地拜訪商店，推銷懷錶。在那些店主和售貨員眼中，亨利只是一個小販。但是他退休的時候，卻是一個百萬富翁。他沒有做任何違法犯紀的勾當，那麼他是如何靠賣懷錶致富的呢？主要是因為他從來不是在賣錶，他賣的是自己編造的故事。

亨利走進商家，詢問是否有人想要買漂亮、純手工製造的水晶燈，一盞只要三十五美元，比一般的價錢便宜了好幾百塊。

亨利自己動手製作水晶燈，而且很喜歡把它們「當做贈品送出去」。由於他手邊只有一盞樣品燈，要買的人必須先下訂單。他認真勤快地記下每一個渴望購買水晶燈的顧客姓名與

地址，並拒絕接受任何的訂金。他微笑地說：「等你收到水晶燈，覺得滿意了再付錢。」亨利讓自己成為一個值得信賴的人，擁有品質精美漂亮、價格不可思議的產品；他擁有了顧客的信任與信心。

亨利也隨身帶著一個有把手的大箱子，人們總是問他箱子裡裝了什麼東西。這個時候，亨利就開始他的工作了。他打開箱子，裡面全是精美漂亮、純銀製作的懷錶，每一只懷錶都被仔細包裹保護著。他告訴熱切的聽眾關於這些懷錶的一切，聽眾們對亨利以及懷錶的價值一點懷疑也沒有，畢竟，看看亨利到目前為止為他們所「做」的每一件事，就沒什麼好懷疑的了。

亨利總是把懷錶賣給大部分訂購水晶燈的好心人，從來沒有一個人買到水晶燈，他們只買到一個仁慈老人販售的、定價過高的懷錶。

下一次，當你只憑一個空有的承諾來做決定的時候，想一想亨利的故事。

抓準補償心態

如果有人要求你幫他一個大忙，大到你只能加以婉拒的時候，你就得小心了。因為大的請求被拒之後，繼之而來的可能是一個較小的請求，而這個小請求，才是他真正的目的。

也就是說，如果我們先碰到一個大的請求，我們就比較可能接受一個較小的請求。在這個技巧當中，有三個心理動機在運作著：

(1)你覺得相較於大的請求，這個小請求算不了什麼。

(2)你因為拒絕他原先的請求而感到難過，因此答應小的請求，算是妥協讓步。

(3)你不希望被人認為不通情理，拒絕了大的請求是一回事，而這個小請求也不會把你給吃了。

「善意」的提醒

沒有人希望受到先入為主的評斷，或被賦予負面的評價。也就是說，無論是在外型或任何方面，人們都不喜歡自己被認為是次要的。以下的例子顯示了熟知這種技巧的人是如何運用它來對付你。

你走進一家服飾店，表示想看一件由某設計師設計的毛衣。銷售人員帶你到放置那件毛衣的地方，並加註了一句：「對你來說，這件毛衣可能有點貴。在那邊，我們也展示了一些比較不那麼昂貴的毛衣。」這時你會心想：「我要讓這個蠢蛋瞧瞧，我會買下這件毛衣，證明我買得起。」於是你怒氣沖沖地買下這件價值不菲的毛衣，昂首闊步地走出服飾店。那個售貨員呢？他從服飾店一路偷笑到銀行。

此處所運用的就是普遍稱為「反心理」（reverse psychology）的技巧。那位銷售人員藉由「他認為你買得起什麼」的暗示，促使你的自尊去證明他的想法大錯特錯。

抓住說謊的小辮子

- 找到你們之間的一致性，不管是來自同樣的家鄉、或甚至只是說話方式相同，都能讓他更輕易對你坦承相見。
- 如果他抱持著低微或負面的自我形象，便會更加強迫自己為先前的行為辯護，以證明自己是對的。
- 藉由製造盲從跟風效應，會讓他誤以為自己也該跟別人一樣，如此一來，你便能從中尋得真相。
- 營造一個情境，博取他的信任，讓他覺得自己交到了一個可以推心置腹、全心全意為他著想的最佳益友，再藉此套出你需要的訊息。

【結語】永遠不上當

無論是公事或私事、從輕鬆隨意的交談到深度的談判，你從本書所學習到的技巧，將大大改變你與世界建立聯繫的方式。現在，你已經獲得了額外的優勢，將享有一個空前、嶄新的機會，得以運用影響和控制人類行為的最重要祕訣，藉以提高、促進職場與私人人際關係的品質。

在這個世界上，大概沒有一種方法可以遏阻人們的欺騙行為。但是現在，你已經做好了萬全的準備，在面對每一種新的遭遇或情況時，你絕對不會再受騙上當！

人生顧問 ⑯⑧

看誰在說謊 NEVER BE LIED TO AGAIN

作　者—大衛・李柏曼
譯　者—項慧齡
主　編—郭玢玢
責任編輯—賴郁婷
美術設計—TW Atelier
執行企劃—艾青荷
校　對—郭玢玢、賴郁婷
董事長—孫思照
發行人
總經理—莫昭平
總編輯—林馨琴
出版者—時報文化出版企業股份有限公司
10803台北市和平西路三段二四〇號四樓
發行專線—(〇二)二三〇六—六八四二
讀者服務專線—〇八〇〇—二三一—七〇五
(〇二)二三〇四—七一〇三
讀者服務傳真—(〇二)二三〇四—六八五八
郵撥—一九三四四七二四時報文化出版公司
信箱—台北郵政七九～九九信箱
時報悅讀網—http://www.readingtimes.com.tw
電子郵件信箱—ctliving@readingtimes.com.tw
法律顧問—理律法律事務所　陳長文律師、李念祖律師
印　刷—盈昌印刷有限公司
初版一刷—二〇一〇年十一月十二日
初版五刷—二〇一一年七月二十一日
定　價—新台幣二六〇元
⊙行政院新聞局局版北市業字第八〇號

國家圖書館出版品預行編目資料

看誰在說謊 / 大衛・李柏曼著 ; 項慧齡譯.
-- 初版. -- 臺北市 : 時報文化, 2010.11
面 ;　公分. -- (人生顧問 ; 168)
譯自 : Never be lied to again : how to get the truth in
5 minutes or less in any conversation or situation

ISBN　978-957-13-5143-8（平裝）

1.說謊　2.欺騙

177　　99020255

NEVER BE LIED TO AGAIN：HOW TO GET THE TRUTH IN 5 MINUTES OR LESS IN ANY CONVERSATION OR SITUATION by DAVID J. LIEBERMAN

ISBN：978-957-13-5143-8
Printed in Taiwan